Fred Traguth

Modern Jazz Dance 2

Raum
Form
Bewegung

Florian Noetzel Verlag
»Heinrichshofen-Bücher«
Wilhelmshaven

Fotos von Otto Handtke, Köln

Die Tänzer

Marcus Alford (USA)
Annie Day (USA)
Simon König (Germany)
Misael López (Chile)
Carol Schmitt (Suisse)

CIP-Kurztitelaufnahme der Deutschen Bibliothek

Traguth, Fred:
Modern jazz dance / Fred Traguth. –
Wilhelmshaven: Noetzel, Heinrichshofen-Bücher
Bd. 1 im Heinrichshofen-Verl.,
Wilhelmshaven
2 (1987).
ISBN 3-7959-0502-8

Printed in Austria
ISBN 3-7959-0502-8

Modern Jazz Dance 2

Inhalt

„... Doch so, wie sich der Durchschnitt zweier Linien, nach dem Durchgang durch das Unendliche, wieder auf der anderen Seite einfindet, so findet sich auch, wenn die Erkenntnis durch ein Unendliches gegangen ist, die Grazie wieder ein; so, daß sie, in demjenigen menschlichen Körperbau am reinsten erscheint, der entweder gar keins, oder ein unendliches Bewußtsein hat, d.h. in dem Gliedermann, oder in dem Gott ..."

Heinrich von Kleist
(über das Marionettentheater)

Von der Tanzexplosion in die Tanzinflation

Die Entwicklung, Wiederentdeckung und Ausbreitung des Tanzes in den letzten fünfzehn Jahren, angefangen vom Kindertanz über den Turniertanz bis hin zum Modernen Tanztheater, ist zweifelsohne ein Phänomen, mit dem sich die Tanzgeschichte kommender Epochen noch auseinandersetzen wird.
Es ist aber heute bereits erkennbar, daß sich bei dieser Entwicklung der Jazz Dance als bedeutsame Kraft erwiesen hat.
Warum bei der Einleitung dieser Tanzexplosion vor allem der Jazz Dance eine so große Ausstrahlungskraft besaß, auch dies wird wohl von der Tanzhistorie noch zu klären sein.
So sehr man als Tanzschaffender diese Entwicklung begrüßen und mit Nachdruck unterstützen muß, ist jedoch die Gefahr einer Entwertung dieses Aufschwunges bereits deutlich in seiner Auswirkung sichtbar.
Tänzer und Tanzpädagogen kann man nun einmal nicht im Schnellverfahren und in Drei-Tage-Seminaren, wie es zur Zeit Mode ist, zu „Avantgarde-Tänzern" von morgen hochstilisieren. Etwa unter der überstrapazierten Parole: „Es lebe die Selbstverwirklichung". Auch Selbstverwirklichung durch Tanz, gleich welcher Stilrichtung, bedarf großer Selbstdisziplin und systematischer Ausbildung, die auch der Persönlichkeit des Menschen Rechnung tragen muß. Altbewährte Grundwerte wie beispielsweise Talent, handwerkliches Können, Beharrlichkeit und Wachsen-lassen, müssen in der Hektik und Fortschritts-Turbulenz unserer Zeit neu entdeckt und gefördert werden.

Die überwuchernde Tanzinflation und Orientierungslosigkeit der Gegenwart darf nicht zur Verarmung und marktstrategischen Ausbeutung des Tanzes führen.
Paradoxerweise hat das Tanzverständnis in der breiten Öffentlichkeit, insbesondere, was den Beruf des Tänzers angeht, hier noch gewaltige Defizite aufzuholen.
Es scheint mir deshalb umso dringlicher, wie utopisch dies auch klingen mag, daß ein Europarat des Tanzes gebildet wird, der die Aktivitäten ordnet, koordiniert und zu qualitativ fundierter Tanzarbeit anregt und sie konsequent fördert.
Solange in diesem Land praktisch jedermann, der den Drang zum Tanz verspürt, ungehemmt und meist ohne fachlichen Qualifikationsnachweis sich in der Öffentlichkeit betätigen kann – und damit den fachlich Erfahrenen und Kompetenten ins Abseits drängt –, solange sind wir von einer ernstzunehmenden Tanzkultur weit entfernt.
Es bedarf dringend fähiger und mutiger Tänzer, die mit schöpferischer Phantasie und Weitblick begabt, dem Tanz von Morgen durch Wiederentdeckung alter Grundwerte und Tugenden wie Unschuld, Schönheit und Würde tänzerischer Bewegung und künstlerischer Aussagekraft seine Bedeutung zurückgeben.
Dies wäre ein erster Schritt aus dem Dilemma auf dem Weg zurück in den Tempel Terpsichores.

Bonn, im Januar 1987 — Fred Traguth

Die Sprache des Tanzes ist universal

Ein Dialog zwischen Kosme de Barañano und Fred Traguth

B. Der Tanz ist eine Sprache mit einer Vielzahl von Vokabeln. Ihm liegt eine Grammatik und, wenn man so will, ein Wörterbuch zugrunde, in welchem alle seine Bewegungen und Schritte festgeschrieben sind. Aber wie in allen Wörterbüchern und Grammatiken gibt es tausenderlei Anwendungs- und Konstruktionsregeln und die unterschiedlichsten Bedeutungen ein- und desselben Ausdrucks, und es wäre lächerlich, sich auf bestimmte Regeln wie etwa die des klassischen Balletts beschränken und die des Jazz-Tanzes zurückweisen zu wollen, weil er einem anderen Stil angehört. Sie haben ganz klar die Merkmale beider Tanztypen formuliert und wir können sie hier wie folgt zusammenfassen:

Technische Aspekte des klassischen Tanzes wären:

- Das Prinzip des *en dehors*, also der Auswärtsstellung der Beine und Füße.
- Der Spitzentanz, der die Höhe und Leichtigkeit des Körpers, insbesondere bei den Frauen, unterstreicht.
- das Plié, d.h. In-die-Knie-Gehen vor dem Sprung bzw. zum Auffangen des Sprungs.
- Die gerade Körperachse als dauerhafte Syntax.

Unter formalem Gesichtspunkt haben wir beim klassischen Ballett

- die auf der klaren, aufrechten Linie der Wirbelsäule, des gesamten Körpers basierende Vertikale, die einhergeht mit
- einer Leichtigkeit und vollkommener körperlicher Harmonie.

Wenn wir vom Jazz-Tanz ausgehen, so sehen wir als fundamentale Technik das *Isolationsprinzip;* d.h. jeder einzelne Teil des Körpers ist autonom; die im klassischen Ballett maßgebliche Einheit und Geradlinigkeit des Körpers wird aufgegeben, aber letztendlich mit dem Ziel, die Einheit des Körpers – in größerer Komplexität, d.h. *auf anderer Ebene* – noch mehr zu unterstreichen. Auf der anderen Seite ist da der offbeat und das Phänomen der inneren Bewegungsdynamik des eigenen Körpers, die zum Ausgangspunkt für die Dynamik des *getanzten Raumes*, die choreographische Dynamik, wird.

Entsprechen diese Feststellungen Ihrer Auffassung der verschiedenen Stile: Wie würden Sie den modern dance in Bezug auf klassischen Tanz und Jazz Tanz definieren?

T. Beim modern dance wird eine Körper- und Bewegungstechnik entwickelt, wie beim klassischen Tanz. Diese wird zum handwerklichen Gerüst wie z.B. plié, port de bras usw. beim klassischen Tanz.

Darüberhinaus ist der modern dance auch eine Geisteshaltung. Sie ist es, die den Tänzer zum modern dance hinführt. Der Jazz-Tanz ist eine Art zu leben; er wird von einer bestimmten Lebensauffassung getragen, wie ja auch ein Jazz-Musiker mit seiner Musik ein Lebensgefühl ausdrücken will.

B. Aber Jazz-Tanz kennt auch Regeln, oder nicht?

T. Natürlich: Da ist vor allem das Prinzip der Isolation und der gängigen Standardschritte; der Jazz-Tanz hat inzwischen eine eigenständige Technik entwickelt. Es ist faszinierend, wie viele verschiedene Richtungen und Stile sich im Jazz-Tanz herausgebildet haben. Im Grunde genommen kommt der Jazz-Tanz aber aus Afrika. Es ist schwierig, hier eine klare Abgrenzung vorzunehmen. Der klassische Tanz ist die „Schlüsseltechnik" für jeden professionellen Tänzer. Und es kann kein Zweifel daran bestehen, daß die Technik des klassischen Tanzes genial ist. Allerdings genügt sie den heutigen Anforderungen nicht mehr.
Der modern dance entstand ursprünglich aus einem Unbehagen an alten Zwängen. Die neue Idee war: ich will frei sein, ich will mich ausdrücken, ich will tanzen, wie die Musik es mir eingibt. Das war die Stunde der großen Künstler wie Laban, Mary Wigman, Harald Kreuzberg und Kurt Jooss, die gestalten konnten. Ich würde sagen: der modern dance ist ein Tanz, der eine eigene Gesetzmäßigkeit schafft und immer wieder neu entdeckt werden muß.
Der klassische Tanz ist linear, strebt nach oben, ist peripher, statisch. Der modern dance will eine Botschaft vermitteln; der Jazz-Tanz dagegen ist Rhythmus, Motorik, Dynamik.

B. Ist Jazz-Tanz ohne Musik nicht denkbar?

T. Nein. Jazz heißt ursprünglich „erregen". Jazz-Tanz entsteht eigentlich aus der Musik. In New York war ich oft in den Kirchen der Farbigen. Wenn man das sieht, begreift man, daß hier in dem Gesang der Gospels der Anfang liegt. Da ist dieser Rhythmus, das Pulsieren, die Bewegungsfreude.

B. Der Jazz-Tanz ist auf diese Weise wahrscheinlich sehr repetitiv.

T. Ja, es ist ein anderes Körpergefühl. Das können Sie anhand einer einfachen Bewegung, vom Torso ausgehend, an sich selbst schon feststellen. Die Energie, die da entsteht, reicht aus, um eine Choreographie zu machen. Der modern dance braucht eine Idee. Er kann zwar äußerlich dasselbe tun, muß aber wissen, wohin es führt. Beim Jazz-Tanz entwickelt sich eine Eigendynamik, die schon genügt, denn es geht vor allem um Bewegung, Rhythmus, Dynamik.

B. Würden Sie – wenn wir einmal von der speziellen Dramatik absehen – in anderen, nichteuropäischen Tänzen oder in Volkstänzen andere als die oben beschriebenen Prinzipien sehen, was die Bewegung des Körpers im Raum betrifft.

T. Volkstänze sind ja in diesem Sinn nicht immer rein professionelle Tänze. Natürlich gibt es auch hier hochtrainierte Ensembles wie z.B. das Moissejev Ballett in Moskau oder das polnische Nationalballett Maszowje. Wir können den Volkstanz in jedem Fall nicht abwerten. Aber ich sehe hier eine andere Ausgangsposition.
Solche Tänze sind meist überkommenes Kulturgut. Ihr Kriterium ist meines Erachtens zunächst, daß sie zu bestimmten Anlässen aufgeführt werden und die Gemeinsamkeit und die Zugehörigkeit zu einem Volk oder einer ethnischen Gruppe demonstrieren. Volkstänze entwickelten sich – und hier liegt der Unterschied zu den anderen von uns genannten Tanzformen – im Laufe von Jahrhunderten zu bestimmten choreographisch festgelegten Ausformungen.

B. Aber wie Sie schon sagten, gilt das auch für den klassischen Tanz. Jemand hat eine bestimmte Bewegung erlernt und tut sie zunächst deswegen und nicht, um etwas auszudrücken.

T. Nein. Wenn jemand zum klassischen Tänzer ausgebildet wird, ist die Motivation grundsätzlich viel intensiver.

B. Aber das „Warum" lernen auch die klassischen Tänzer nicht.

T. Der Unterschied liegt darin, daß man als klassischer Tänzer bewußt einen Beruf erlernt. Ich glaube, wir mißverstehen uns jetzt. Das choreographische Prinzip ist in beiden Fällen das gleiche. Nur meine ich, daß die Tänze – im Volkstanz übernommen – weniger reflektiert wurden. Das ändert nichts an der Tatsache, daß das Prinzip der Choreographie ähnlich ist.

B. Sie haben die drei Tanztypen, die wir uns vorgenommen haben, auf den zentralen Punkt gebracht. Welchen Platz würden Sie vor diesem Hintergrund den nichteuropäischen bzw. nicht-abendländischen Tänzen zuweisen? Ich meine jetzt nicht die Kostüme, die theatralische und religiöse Komponente, vielmehr suche ich die „Wirbelsäule" der Dinge, die Sie eingangs für die anderen Typen nachgezeichnet haben.

T. Ich verstehe. Der indische Tanz z.B. ist eine Art asiatisch-klassischer Tanz. Er ist für mich kein modern dance und kein Folklore-Tanz. Es ist eine klassisch-stilisierte Tanzform religiösen Ursprungs.

B. Auf welchen Prinzipien gründet dieser Tanz? Vermutlich nicht auf dem plié.

T. Doch, zum Teil schon, und das ist sehr interessant: Vor zwei Jahren war ich in Indien und habe mit einigen Tänzern interessante Gespräche geführt. Im indischen Tanz gibt es das plié auch, sogar noch stärker ausgeprägt als bei uns. Das gleiche gilt für das en dehors; ich war wirklich überrascht. Ich fragte sie nach dem Grund und sie erklärten, es ginge um die Erreichung eines metaphysischen Effektes auf der Bühne. Auch die gerade Körperachse ist zu beobachten. Es war einfach verblüffend. Die Religion spielt hierbei natürlich eine große Rolle.

B. Würden Sie den indischen Tanz auch als peripher bezeichnen?

T. Hier gilt es zu unterscheiden, denn die indische Tanzkultur ist sehr vielfältig. Der Bharat Natyam ist für mich eindeutig unserem klassischen Tanz vergleichbar. Der Odissi ist leichter, nicht so kompliziert und meines Erachtens mit dem modern dance vergleichbar, er ist weicher, flüssiger.

B. Finden Sie in afrikanischen und brasilianischen Tänzen auch das Isolationsprinzip?

T. Ja, ich sagte schon, daß dort die Heimat des Jazz-Tanzes ist. In Brasilien allerdings ist es nicht so eindeutig, denn dort gibt es meist von Schule zu Schule variierende Sambaschritte, und das ist ein bißchen enttäuschend. Daneben existieren verschiedene Tanzkulte wie der Candomblé oder Macumba, so daß man den Eindruck hat, es könnte moderner Tanz sein. Von Isolation oder Polyzentrik ist da wenig zu sehen.

B. Es besteht heutzutage ein reges Interesse an den Tänzen anderer Zivilisationen und nichteuropäischer Kulturen, das unserer eigenen Kultur nur zugute kommen kann. Gleichzeitig jedoch beobachten wir eine gewisse Nachlässigkeit gegenüber der eigenen Tradition, den unwiederbringlichen Verlust der Volkstänze bzw. ihr einseitig ethnographisches, nicht mehr in erster Linie choreographisches Studium. Ist nicht einigen Volkstänzen eine reine, abstrakte Art eigen, Raum zu schaffen?

T. Man hat den Eindruck, daß in Mitteleuropa etwas entdeckt wird, das man bislang nicht kannte, so daß ein Nachholbedarf besteht. Plötzlich bemerkt man, daß die Völker der Dritten Welt einen großen kulturellen Reichtum besitzen.

B. Ähnliches passierte Anfang dieses Jahrhunderts auf dem Gebiet der Malerei, als man begann, die afrikanische Kunst zu entdecken. Sie haben gesagt, daß das klassische Ballett von der reinen Harmonie zur Dramatik und der moderne Tanz von der dynamischen kontrastreichen Dramatik des Körpers und der Bewegung zur gültigen objektiven Aussage gelangt. Wie sehen Sie in diesem Zusammenhang das Ballett Balanchines? Haben wir es hier nicht mit einer neuen, eminent abstrakten Art, Raum zu schaffen, zu tun, die in gewisser Weise die spätere Minimal-Art vorwegnimmt?

T. Ja, er ist sicher ein Auslöser und für mich ist Balanchine der Künstler, der in der Lage war, den klassischen Tanz in die moderne Zeit zu führen und dem Empfinden des modernen Menschen anzupassen. Es ist bewundernswert, wie er die klassische Ballettsprache erweitert hat. Ich sehe ihn als Schlüsselfigur, die das klassische Ballett ins 20. Jahrhundert geführt hat.

B. Geht das abstrakte Ballett Balanchines nicht in bestimmter Weise auf den Volkstanz zurück? Will sagen, zu den abstrakten Tänzen, wie z.B. den Tänzen im Baskenland, die nur Bewegung sind?

T. Gibt es im Volkstanz auch abstrakten Tanz?

B. Im Baskenland ja, und ich glaube auch bei anderen Völkern, die im Tanz keine Dramatik inszenieren, sondern reine Bewegung.

T. Ich bin Liebhaber des abstrakten Balletts und abstrakten Tanzes. Es könnte durchaus sein, daß das zutrifft, was Sie sagen. Aber ich meine, daß dem Volkstanz immer eine konkrete Idee zugrunde liegt. Das ist mir eigentlich neu, was Sie sagen.

B. Der Schwerttanz im Baskenland ist, abgesehen von seinem, vielleicht kriegerischen Ursprung, rein abstrakt.

T. Aber der Schwerttanz ist doch konkret! Da wird doch gekämpft, Kampf zum Ausdruck gebracht.

B. Ja, aber das ist alles. Und heute ist er derartig formalisiert, daß man ihn ebensogut auch ohne Schwert tanzen könnte.

T. Das ist für mich nicht reiner abstrakter Tanz, er heißt doch schließlich „Schwerttanz".

B. Sie haben gesehen, wie alles durch eine bestimmte Numerierung organisiert war. Das erscheint mir ziemlich abstrakt, d.h. mehr an der Progression von Zahlen als am Schwert orientiert. Daher frage ich mich, ob es bei Balanchine nicht auch einen neuen Blick für die Folklore gibt. Wenn ja, dann wahrscheinlich in Bezug auf die russische.

T. Ja, das kann möglich sein. Das kann ich nicht mit absoluter Sicherheit beantworten. Ich glaube eigentlich nicht, daß dies bei Balanchine der Fall war. Auf jeden Fall hat er ganz große Verdienste im abstrakten Ballett, das ist unbestreitbar.

B. Kommen wir jetzt zu der Methode. Ausgangspunkt aller Neuerungen Balanchines war die klassische Technik. Sie eröffnen mit Ihrer Methode einen neuen Weg. Worin besteht im Positiven und im Negativen Ihre Kritik an der alten, anspruchsvollen aber reichen Tradition?

T. Meine Kritik ist die, daß es sich hier um Museumsballett handelt. Dies soll keine Abwertung sein, aber solches Ballett ist für mich nicht zeitgemäß, d.h. imstande, das auszudrücken, was die Menschen heute bewegt. Es kommt mir vor, als ginge ich in den Louvre und betrachte wunderschöne alte, meisterhaft gemalte Bilder.

B. Aber die Technik dieser Malerei hat sich von damals bis heute nicht geändert.

T. Ja, aber hier sind zwei Dinge auseinanderzuhalten: Die Technik halte ich gewissermaßen für das Tanz-Alphabet, das jeder Tänzer beherrschen muß. Eine andere Frage ist die künstlerische Aussage. Nehmen wir ein Beispiel: Dornröschen ist immer Dornröschen, und das zwingt den Tänzer in die Originalchoreographie, die historische Vorlage. Dann sehe ich: So ist es gewesen! Aber: Es berührt mich wenig. Es ist eine andere Welt, eine andere Zeit. Ich halte es für schwer, heute im klassischen Idiom eine Choreographie zu schaffen, sie kommt mit den technischen und künstlerischen Möglichkeiten an Grenzen. Dies soll überhaupt keine Abwertung des klassischen Balletts darstellen. Aber ein Ballett mit dem Anspruch, unsere Zeit zu reflektieren, ist mit solchen technischen Mitteln schwer zu machen. Es hat sich so viel Neues entwickelt, daß man die Entwicklung nicht zurückschrauben kann.

B. Sie haben von abstrakten Formen des klassischen Tanzes und einem durch Bewegung mitgestalteten Raum gesprochen. Wir könnten den Tanz als eine auf der Schaffung eines räumlich wahrnehmbaren, rhythmisch durch die intransitiven Bewegungen des menschlichen Körpers geordneten Phänomens beruhende Form der Erkenntnis, des Ausdrucks und der Kommunikation definieren. Intransitiv nennen wir die Bewegung des Tanzes deshalb, weil sie kein direktes Objekt zugeordnet hat und nicht auf materielle Produktion zielt; die Bewegung verbindet in einer Facette Dynamik

und Statik und schafft dies durch das Mittel des raumschaffenden und raumverneinenden menschlichen Körpers; der dabei erzeugte Raum wird visuell, musikalisch, aber auch taktil phänomenalisiert und vermittelt sogar einen anderen Begriff von Zeit.
Gibt es für Sie einen dreidimensionalen oder einen relationalen Raum? Die Szene nicht als Ruhendes begriffen, sondern als ein Ort, wo verschiedene Elemente zu spüren sind und der Zuschauer nicht mehr die drei Dimensionen, sondern diese Energien sieht.

T. Was man bei dem Pantomimen Marcel Marceau erleben kann, wenn er z.B. den Arm hebt. Ich will es einmal bildhaft ausdrücken: da ist ein Theater, der Vorhang ist geschlossen. Dann geht der Vorhang auf, und ein Mensch steht auf der Bühne, ein Tänzer, der gar nichts tut, einfach in einer Position ruht. Wenn er dann anfängt, sich zu bewegen, schafft er Raum, dann entsteht der Raum. Das hängt auch mit seiner Persönlichkeit, seiner Ausstrahlung zusammen. Die Amerikaner sagen „vibrations", und das stimmt tatsächlich: der Mensch ist in der Lage, Vibration zu schaffen, und Raum entsteht. Er begrenzt oder schafft den Raum, da ist er frei, und da gibt es keine drei Dimensionen mehr, es kann vier oder fünf oder gar keine geben. Er kann Raum wegnehmen, oder, wie Sie sagen, „verneinen". In jedem Fall schafft der Tänzer Raum. Dies ist seine Freiheit und seine Verantwortung.

B. Die den Tanz als menschliche Tätigkeit aufbauenden Elemente sind dem Menschen unmittelbar zugehörig: der Körper, seine Bewegung und der Raum. Hierin liegt wohl auch die Erklärung für die Kurzlebigkeit des Tanzes, sein Sich-Verzehren in der eigenen Praxis, in der diese Elemente zusammenführenden Tätigkeit, welche so schwer auf irgendwelche Diagramme zu reduzieren sind, die, unabhängig von der rituellen Realisierung, verschiedene Modelle über die Geschichte hinweg hätten retten können.
Aber dem Augenblickscharakter, der Flüchtigkeit des Tanzes steht die Transzendenz seiner unmittelbaren, intensiven, universellen Sprache gegenüber. Der Tanz schafft kein Objekt, sondern mit der Bewegung des Körpers einen Raum, der nicht mehr leer, sondern vom Menschen mit Bedeutung erfüllt ist. Die Tanzkunst beruht auf dem Eingriff des menschlichen Körpers – mit seinen verschiedenen Möglichkeiten der Bewegung – in einem Raum, in dem sich die tänzerische Erfahrung vollzieht. Mit der Energie des Körpers in seiner Bewegung und Nicht-Bewegung wird ein Raum geschaffen: wie sehen Sie das Negative, die Abwesenheit von Bewegung als Element oder Faktor des Tanzes?

T. Das sehe ich nicht negativ. Das ist ein zusätzliches Element.

B. Ich meine „negativ" nicht wertend, sondern im Gegensatz zum Raumschaffen eben Raum verneinend.

T. Man schafft immer Raum. Selbst der verneinende Raum ist Raum. Ich kann den Raum zurücknehmen, aber ich kann ihn nicht auslöschen, es ist alles Raum; bereits die kleinste Bewegung des Kopfes erzeugt Raum.

B. Welche Rolle spielen Bewegung und Nicht-Bewegung?

T. Selbst Nicht-Bewegung kann Raum sein.

B. Es geht mir im Moment um die Gegenpole Raum.

T. Nicht-Bewegung wäre Pause, Ruhe oder Pause im Raum; eine Pause, ein Ruhen oder Phrasieren. Wenn man sagt „Nicht-Bewegung", so kann das absolute Stille, Leere oder Übergang zu neuer Bewegung sein. Grundsätzlich sind „Pause im Raum" und „Leere" zu unterscheiden.

B. Die Wertung der Nicht-Bewegung als Zeichen oder der Leere als eigenständiges Element in der Plastik des 20. Jahrhunderts hat den Dilettanten auf den Plan gerufen, den Tänzer, der „aus dem Nichts" etwas erschafft, der weniger mit Technik als mit theoretischem Gepäck ausgerüstet ist.
Tanzen ist sicherlich ein Mit-sich-selbst-sprechen und konsequenterweise auch Sich-selbst-mißverstehen, und das birgt eine große Ge-

fahr, nämlich überhaupt nicht mehr ein noch aus zu wissen. Leben wir nicht in einem Moment völliger Orientierungslosigkeit und vor allem einer heillosen Inflation von Tänzern und Choreographien: gibt es zur Zeit nicht mehr Spreu als Weizen, wie die Bibel sagt?

T. Das ist gut gesagt! Orientierungslosigkeit möchte ich nicht sagen. Einerseits hat die Öffnung der Kunst in den letzten Jahren zur Verbreitung des Dilettantismus geführt. Zum anderen nimmt mit der Erweiterung der Freizeit auch die Erweiterung der Kulturangebote zu, die, wie Sie sagen, mehr Spreu als Weizen aufweist. Die Frage ist, wie man hier Abhilfe schaffen kann, und an meiner eigenen Arbeit sehe ich, wie schwer sich berufene Künstler tun. Der ernsthafte künstlerische Anspruch ist nur mühsam gegen eine freizeitverwöhnte Gesellschaft durchzusetzen.

B. Gibt es nicht zu viele junge Leute, die schon alles wissen, ihre eigene Sprache bereits gefunden haben? Man begreift die erstaunliche Gegebenheit „Sprache" nicht von ihrer Wurzel her, wenn man nicht zuerst zur Kenntnis nimmt, daß Sprechen vor allem aus Verschweigen besteht. Ein Wesen, das unfähig wäre, darauf zu verzichten, manches zu sagen, wäre auch unfähig, zu sprechen. Jedes Tanzen ist aber eine andere Gleichung zwischen Bewegung und Stillstand. Jede Tanzart (klassisch, modern, Jazz) sagt einiges nicht, um anderes sagen zu können, denn alles tanzen kann nur die Marionette oder Gott.
Was sollte ein guter Tänzer in der Mischung von klassischem Ballett und modern dance in der Ausbildung beherzigen?

T. Die drei Hauptstile – klassisch, Jazz, modern – muß man heute in der Ausbildung lernen. Man muß zunächst das Handwerkszeug beherrschen. Während dem einen das Klassische liegt, ist der andere mehr dem modernen Tanz oder dem Jazz-Tanz zugetan. Die Frage ist, was man daraus macht. Ich erinnere mich in diesem Zusammenhang an einen Ratschlag, den Kurt Jooss gab, wörtlich: „Ihr müßt sehen, künstlerisch selbstständig zu arbeiten." Diese Unabhängigkeit als Künstler gilt es anzustreben.

B. Und dieser Weg führt nur über die Technik?

T. Er muß in jedem Fall auf einer soliden handwerklichen Ausbildung beruhen, die mit künstlerischem Arbeiten gekoppelt sein sollte, um nicht einseitig technisch zu werden.
Das Problem steckt darin, daß der eine ein guter Interpret ist und die Gabe der Choreographien nicht mitbekommen hat, während der andere vielleicht technisch nicht so perfekt ist, aber choreographieren kann. Es geht darum, sich selbst zu erkennen und den richtigen Weg zu wählen.

B. Es gibt zweierlei Menschen, sagt Kleist: die einen verstehen und entwickeln Bilder und die anderen Formeln. Wenn er „zwei" sagt, meint er eigentlich drei, obwohl die dritte Gruppe verschwindend gering ist: es sind die Künstler, die Tänzer. Der Tanz, so Kleist, ist vielleicht die einzige Universalsprache des Menschen (auch wenn ihre Grammatik hier und dort diese oder jene Besonderheit aufweisen mag), eine Sprache, die wie die mathematischen Formeln die Grenzen überschreitet, die mit dem Körper selbst geschrieben wird. Im Sinne der Erzählung Kleists vermag uns die optische, mit dem Körper formulierte Metapher, die einer Musik an Rang und Kraft nicht nachsteht, ja, ihr widersteht, das Bewußtsein der Unendlichkeit vermitteln. Ist die Technik, die die Marionette besitzt, und Technik, die einen Gott auszeichnet – wie wir in dem Werk Kleists sehen – nicht auch für den Tänzer wichtig? Die Technik zu beherrschen, bedeutet, ihre Theoretisierung in der Praxis zu vergessen, so wie es verfehlt wäre, den Fuß zu erheben und dabei das Bild des Dornausziehers oder einer anderen, dem Ballett vorausgehenden Figur vor Augen zu haben. Der Mangel an Unschuld hemmt und versäuert den Ausdruck; die Bewegungen dürfen nicht „gedacht", sondern müssen mit einem Automatismus vollzogen werden, der vom Kopf aus in alle Neuronen der Körperextremitäten vorgedrungen ist. Teilen Sie diese Auffassung?

T. Völlig. Das Marionettentheater von Heinrich Kleist ist für mich so etwas wie die Tanz-Bibel.
Wenn ich eine Choreographie mache, muß ich

sie später wie im Schlaf können, ohne nachdenken zu müssen, wann der nächste Schritt erfolgt. Das muß ganz von selbst kommen. Das ist es, was Kleist meint: bewußt nicht mehr rückfragen zu müssen.

B. Wenn Kleist von der Perfektion der Marionette und des primum mobile spricht, so spricht er eigentlich von dem, der zwischen beiden steht, nämlich dem Tänzer. Das menschliche (also die Tatsache, daß der Kopf die Füße programmiert) ist es, was den Tänzer in der perfekten Beherrschung seiner Schrittechnik von der „impeccabilité" der Marionette unterscheidet. Das menschliche (d.h. daß der Körper die Anweisungen nicht wortwörtlich zu beherzigen pflegt) ist es, was ihn von dem allmächtigen Gott unterscheidet, der sich nicht „ziert".

T. Es heißt in der Bibel: Gott in uns. Gott ist ein großes Wort.

B. Die Logik der Erzählung von Kleist ist die von Bildern in Bewegung. Ihr Text ist wie ein japanisches Gedicht, aber statt wie ein *haiku* in drei Zeilen aus langen Metaphern gemacht. Kleist spricht von dem, das er nicht beim Namen nennt: vom Tänzer, vom Akt des Tanzens. Der Gegenstand seines Nachdenkens, das Sujet, ist ellyptisch, ganz in der Art der Schwangerschaft der Marquise von O. oder des durch Irrtümer gewonnenen Ruhms einiger Gelehrter, die zu diesem nicht durch ihre himmelschreienden Anfangsirrtümer, sondern der Treffsicherheit des wissenschaftlichen Endergebnisses gelangten, wie Kleist in einem seiner Fragmente schreibt.
Dieses Lob der Verdunkelung und der Auslöschung des Bewußtseins, des Schlafwandelns; die Inthronisierung des Unbewußten (vor Freud) als Enthüllung der intimsten Persönlichkeit des menschlichen Wesens; die Unterscheidung von aktivem Traum und einem vom rationalen Rahmen gelösten Träumen machen Kleist zum Gefechtsgenossen des *action painting* und des *freien Ausdruckstanzes.* Paradoxerweise wird das Bewußtsein erst in Träumen, im Unbewußten, in seiner Transposition im Tanz unendlich.
Kleist führt den Überlegungen zu der künstlerischen Praxis einen neuen Gedanken hinzu: das Gefühl ist das Maß des Menschen, und seine unschuldige Seele wird von der Bewußtheit zerstört. So befindet sich die Kleistsche Ästhetik immer auch in Abhängigkeit von einer Ethik oder wird in Bezug auf sie entwickelt. Aber Kleist weiß auch, wie Noverre bereits Jahre vor ihm in seinen *Lettres sur la Danse* geschrieben hatte, daß der Schwerpunkt des Tänzers der Kopf, der Weg der Seele, ist, also das, was seiner Technik *Sinn,* seinen Bewegungen *Stil* verleiht. Man tanzt nicht nur mit den Füßen und ebensowenig nur mit dem Kopf; der Schaffensakt ist nicht schlafwandlerischer, vielmehr paradoxer Natur, ein Status, den wir einst kannten und vielleicht eines Tages wiedererlangen werden. Kleist erinnert an unsere Vertreibung aus dem Paradies und sieht die einzige Möglichkeit, wieder zu ihm zurückzufinden darin, die ganze Welt zu durchlaufen, um vielleicht eine Hintertür zu finden, ein par derrière, auf der anderen Seite des Spiegels.
Kleist gelingt es, den scheinbar konstanten Widerspruch des Kunstwerks darzustellen: das unbewußte Bewußtsein während des Schaffensprozesses (präziser als „Schlafwandeln"): es gilt, gleichsam unbewußt, wie gesteuert von einer außerhalb seiner selbst liegenden Kraft einer die Marionette lenkenden *anakhé,* zu tanzen. Wer so tanzt, tanzt *mit und ohne Kopf:* die Vorbereitung des nächsten Schrittes ist nicht Sache des Kopfes, sondern der Füße, aber ohne den Kopf, ohne den „Weg der Seele", die Prä-Determination der Schritte (die geistige Choreographie) verfehlt der Tänzer sein Ziel: er vollführt Schritte und Sprünge, die zu nichts führen. Vergleichbares geschieht in den spontanen Ausdruckszeichnungen von Vedova bis Twombly: der automatische Charakter der Hand- und Pinselführung stellt sich erst dann ein, wenn die eigenen Kräfte völlig beherrscht, der Akt, den das Füllen einer Oberfläche darstellt, geistig restlos kontrolliert ist. Es gibt ein Start-„Konzept", das Ziel ist nicht bekannt, aber man kennt es.

T. Ja und nein. Für mich ist es so: wenn ich eine Choreographie entwerfe, wähle ich einen Anfang. Da bin ich *noch* frei. Aber von dem Moment an, in dem ich zu arbeiten beginne, bin ich es nicht mehr, dann bin ich ein Suchender.

Alles Kommende kann nur folgerichtige Entwicklung sein.

B. Das meine ich. Ich weiß nicht, wohin es mich führt, aber ich habe den Weg.

T. Es ist ein schwieriger Prozeß, der sich da abspielt.

B. Kleists Art zu überzeugen, beruht gewiß nicht auf Syllogismen, sondern auf Echos und Resonanzwellen; seine Argumente sind aus der Sprache des Unaussprechlichen, die Skulptur seines Textes ist nicht Gewicht, sondern Luftigkeit, und so nimmt das nicht Benannte in seiner Leere Form an, wird Metapher und Formel.
Wie Mallarmé später sagen wird, ist „die Tänzerin keine Frau, die tanzt, denn sie ist weder eine Frau, noch tanzt sie." Sie ist Beziehung, Bild, ein Zauber oder die Ziffer eines Logarhythmus.
Diesen Satz hat kein Kritiker verstanden, aber er paßt meines Erachtens ganz gut zu dem Geist der Kleistschen Erzählung. Bei Kleist gibt es immer den Widerspruch von Gott und Marionette. Er spricht nicht vom Tänzer, stets von der Marionette oder von Gott. Auch der Satz von Mallarmé scheint ein Widerspruch. Es spielt keine Rolle, ob der Tänzer ein Mann oder eine Frau ist. Ich habe lange versucht, den Satz zu verstehen. Als ich Kleist las, kam er mir wieder in den Sinn. Kleist spricht immer von etwas, das er nicht nennt. Das Wort „Tänzer" steht nicht in seiner Erzählung. Als Zuschauer sehe ich keine Frau und keine Tänzerin, sondern Beziehungen im Raum, Bilder wie der Mathematiker, der keine Äpfel oder Münzen, sondern – vollkommen abstrakt – nur Ziffern sieht.

T. Ganz gleich, ob ich Athlet, Musiker oder Tänzer bin: Ich bin bestrebt, mein Selbst, meine eigene Mitte zu finden!
Ich baue eine Choreographie, habe ein Ziel, das nicht bekannt ist, daher auch die ständige Frage: entspricht das Umsetzen dem, was mich treibt? Der Tänzer hat einen geschulten Körper, und es ist etwas Wunderbares, wenn er in der Lage ist, damit ein Kunstwerk zu schaffen, eine Idee umzusetzen.

B. Damit sind wir wieder am Anfang unseres Gespräches, bei dem, was wir deutlich machen wollten: „Der Tanz ist eine Sprache mit einer Vielzahl von Vokabeln."

Der Tänzer und sein Raum

Grand Plié an der Stange und im Raum

In der hier dargestellten Plié-Serie werden aus der Vielfalt von Möglichkeiten einige Modelle, die besonders intensiv sind, vorgestellt. In der Body Roll wird der ganze Körper einheitlich von unten nach oben wie eine Körperwelle, die durch den ganzen Körper geht, durchgearbeitet. Die Körper-Rolle kann auch in umgekehrter Bewegungsrichtung, d.h. von oben nach unten ausgeführt werden.
Das Grand Plié an der Stange dagegen ist eine Simultanübung. Der Torso hängt im spitzen Winkel zur Stange und die Wirbelsäule wird noch mehr verlängert, während die Beine in grand plié gehen. Beim Hochgehen führt man das Bein in Gleitbewegung zur Seite nach oben.
Das Grand Plié im Stand mit einem Tänzer, sowie das grand plié im Raum mit zwei Tänzern, zeigt Grundprinzipien des Jazz Plié in Standposition und als Raumgeschehen mit zwei Tänzern. Das Plié ist eine fundamentale Grundübung, gültig für jede Art von Tanztechnik und Tanzstil. Hier wird der Tänzer-Körper intensiv auf die Tanzarbeit vorbereitet und stimuliert.

1

1 Körperposition im spitzen Winkel zur Stange. Beinposition parallel. Knie strecken. Kopf locker lassen. Stange kräftig anfassen. **Wichtig:** Wirbelsäule langziehen.

2 So tief wie möglich in plié gehen ohne die Fersen zu heben.

3 Bewegung durch den Pelvis nach vorne in Richtung Stange führen. Torso hängt diagonal im Raum.

4 Bewegungsablauf langsam auf halbe Spitze in die Senkrechte auflösen. Etwa 8–10 mal durchführen.

2

3

4

5

6

7

8

9

10

11

5 Mit dem Rücken zur Wand Bewegungsvorgang (siehe 1–4) wiederholen.

6 Locker die Stange halten, nicht verkrampfen. Wirbelsäule bis in die letzte Faser strecken.

7 Stange kräftig festhalten. Pelvis nach vorne in den offenen Raum drücken. Wichtig: Hals locker lassen.

8 Körperposition: wieder im spitzen Winkel zur Stange (siehe Foto 1) stehen. Beine aber jetzt auswärts gedreht.

9 Demi plié, Fersen auf den Boden pressen.

10 Knie nach außen drücken, Stange festhalten, dadurch entsteht im ganzen Körper Energie und Spannung.

11 Direkt aus grand plié, battement zur Seite (links und rechts). Oberkörper bleibt dabei im rechten Winkel.

12

13

14

12 Plié wiederholen. Darauf achten, daß die Streckung im Rücken lange gehalten wird.

13 Variante: aus dem demi plié-Bein (links und rechts) gebeugt nach vorn. Oberkörper siehe Foto.

14 Danach direkt nach hinten ziehen, bis maximale Streckung und Dehnung erreicht ist.

15 1. Positior Beine ausgedreht. Arme und Hals locker. Vertikale durch den ganzen Körper aufbauen.

16 Der Kopf (ozw. die Stirn) führt die Bewegung zum Boden. Arme bleiben locker.

17 Der Handrücken berührt gelöst den Boden. Knie sind noch gestreckt. Der ganze Oberkörper ist locker.

18 Tiefes demi plié, Fersen bleiben auf den Boden gepreßt. Endpunkt ist erreicht.

16

15

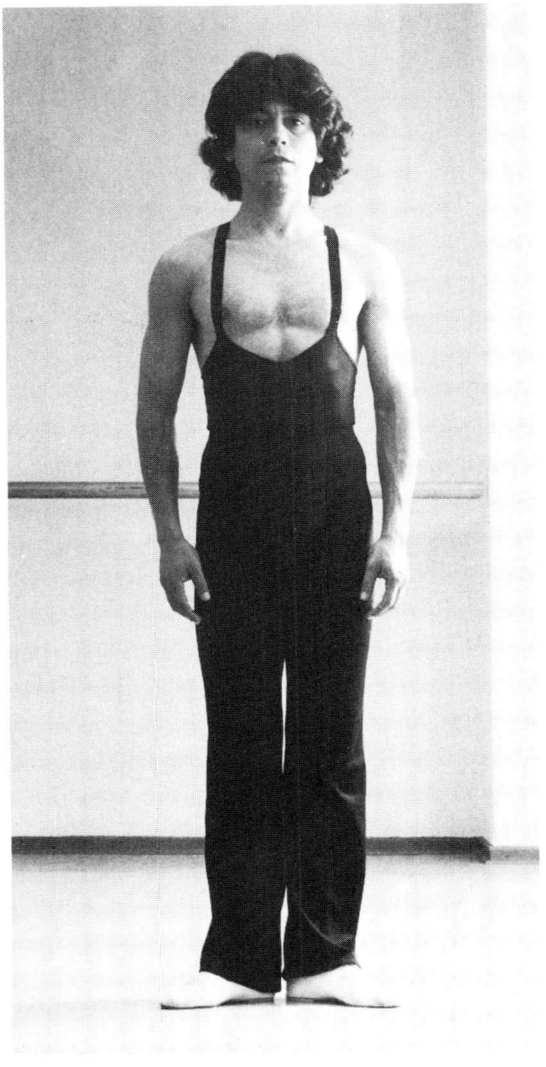

17

18

19

19 Vom demi plié zurück in die Ausgangsposition (1. Position), langsam die Arme heben. Die Luft um den Körper bewußt spüren.

20 Langsam in demi plié gehen, Arme nach oben weiterführen. Kopf nach hinten fallen lassen. Focus nach oben zur Decke. Handhaltung beachten.

20

21 Endphase ist erreicht. Wirbelsäule strecken. Senkrechte Achse spüren. Knie nach außen drücken.

22 Bewegung läuft in die 1. Position zurück. Ausatmen nicht vergessen. Immer den Atem strömen lassen.

21

22

23 Ausgangsposition: Fuß/Beinposition parallel (etwa 10 cm Abstand zwischen den Füßen). Körper von der Ferse bis in den Hinterkopf strecken.

24 Wieder führt der Kopf (bzw. die Stirn) die Bewegung zum Boden. Arme müssen absolut locker sein.

25 Demi plié, Fingerspitzen berühren den Boden. Luft ausströmen lassen.

26 Langsam auf halbe Spitze gehen (relevé), Balance mit den Fingerspitzen halten.

24

23

25

26

27

28

29

27 Auf halbe Spitze bleiben, Knie langsam strecken.

28 Fersen gedämpft auf den Boden absetzen.

29 Wirbelsäule langsam strecken. Streckung unbedingt im Kreuzbeinwirbel ansetzen. Arme dabei synchron nach hinten führen.

29a Endphase ist erreicht. Torso steht nun im rechten Winkel. Blick der Augen senkrecht in den Boden.

29a

30 4. Position parallel: Ferse (hinteres Bein) hoch.

31 Demi plié (Arme bleiben locker). Kopf fällt locker zurück, von hier ...

32 ... mit dem ganzen Oberkörper Collaps tief nach vorne.

30

31

32

33 Knie langsam strecken. Ferse bleibt dabei gehoben. Bodenkontakt mit den Fingerspitzen. Kopf muß locker bleiben.

33

34

35

34 Langsam die Wirbelsäule strecken. Bewegungsansatz unbedingt im Kreuzbeinwirbel. Arme nach hinten führen. Ferse bleibt gehoben.

35 Wenn Torso im rechten Winkel ist, Wirbelsäule langsam Phase für Phase abrollen bis zur Mitte (Schnittpunkt).

36 Nach dem Abrollen wieder in diese Position kommen. Arme von hinten über die Seite auf Stirnhöhe schließen. Danach den Torso gestreckt nach oben aufrichten.

36

37 In dieser grand plié-Sequenz wird die Bedeutung des Raumes deutlich. Durch den Blickwinkel (diagonal gesehen) und durch die Erweiterung auf zwei Tänzer, gewinnen die Bewegungsabläufe sichtlich an Kontur. Bewegungs- und Raumgefühl sind wesentliche Elemente in der Tänzer-Arbeit.

38 Kopf führt nach unten.

39 Hände berühren locker den Boden.

40 Phase zurück, Rücken abrunden.

37

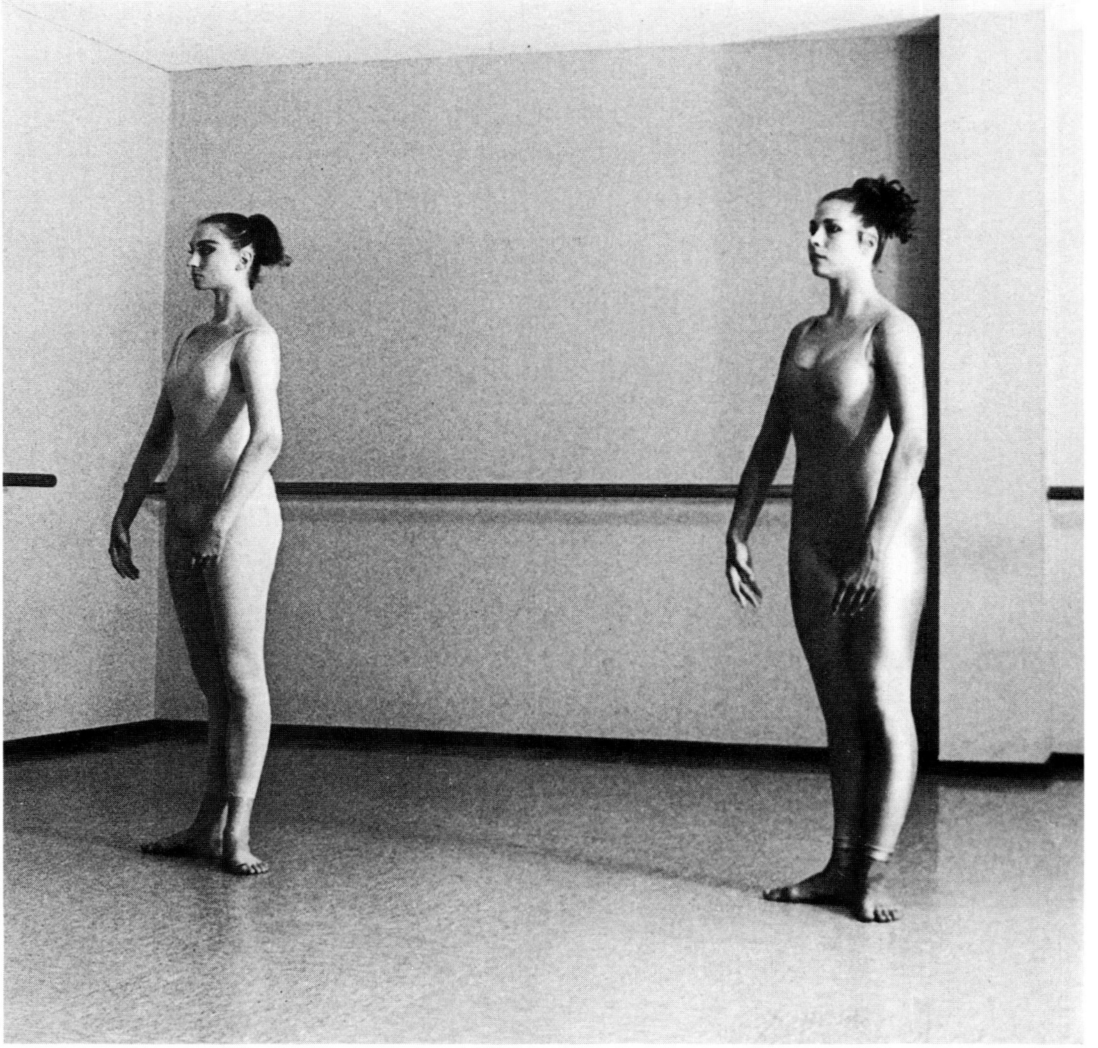

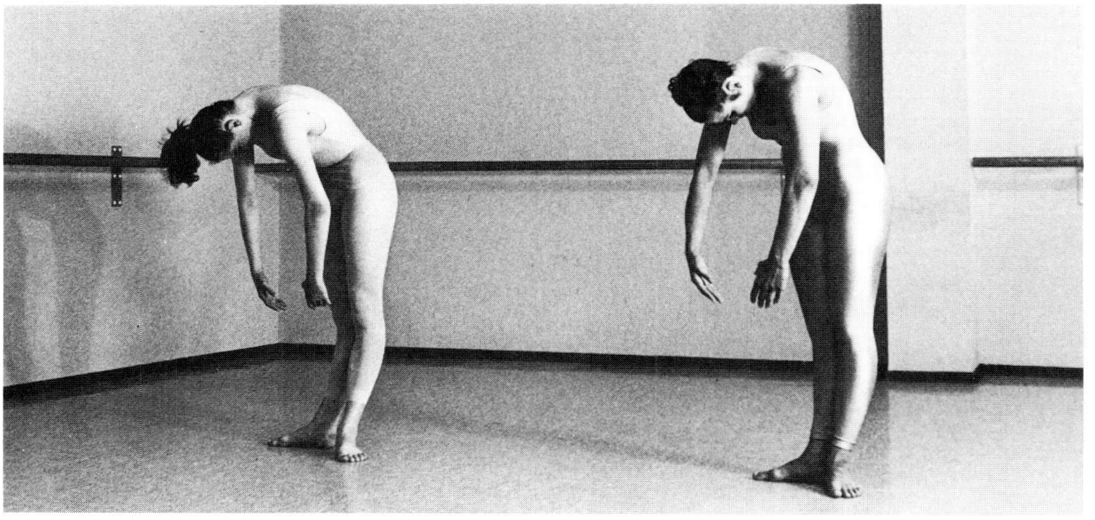

38

39

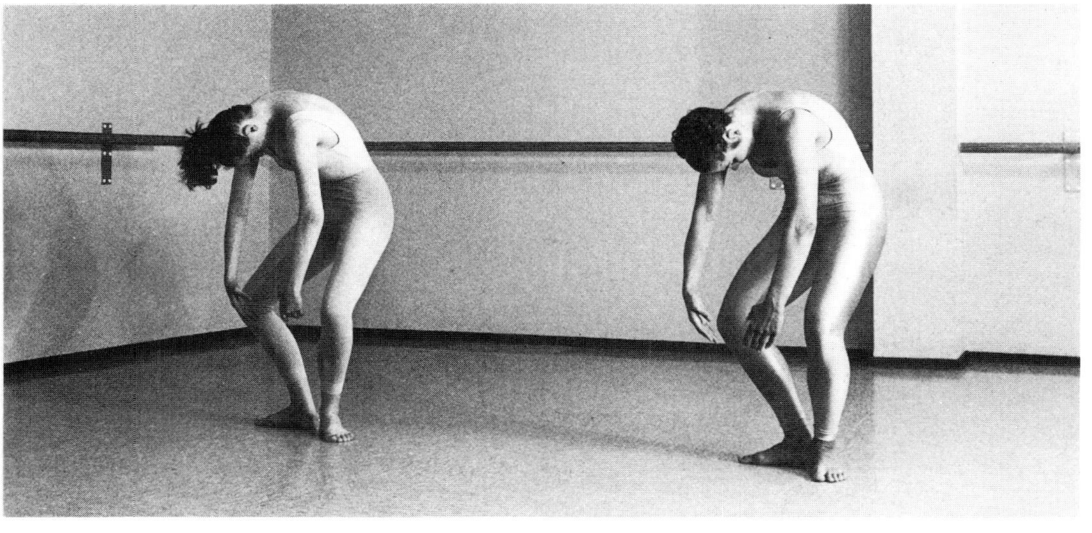

40

41 Demi plié, Wirbelsäule strecken. Focus in den Raum.

41

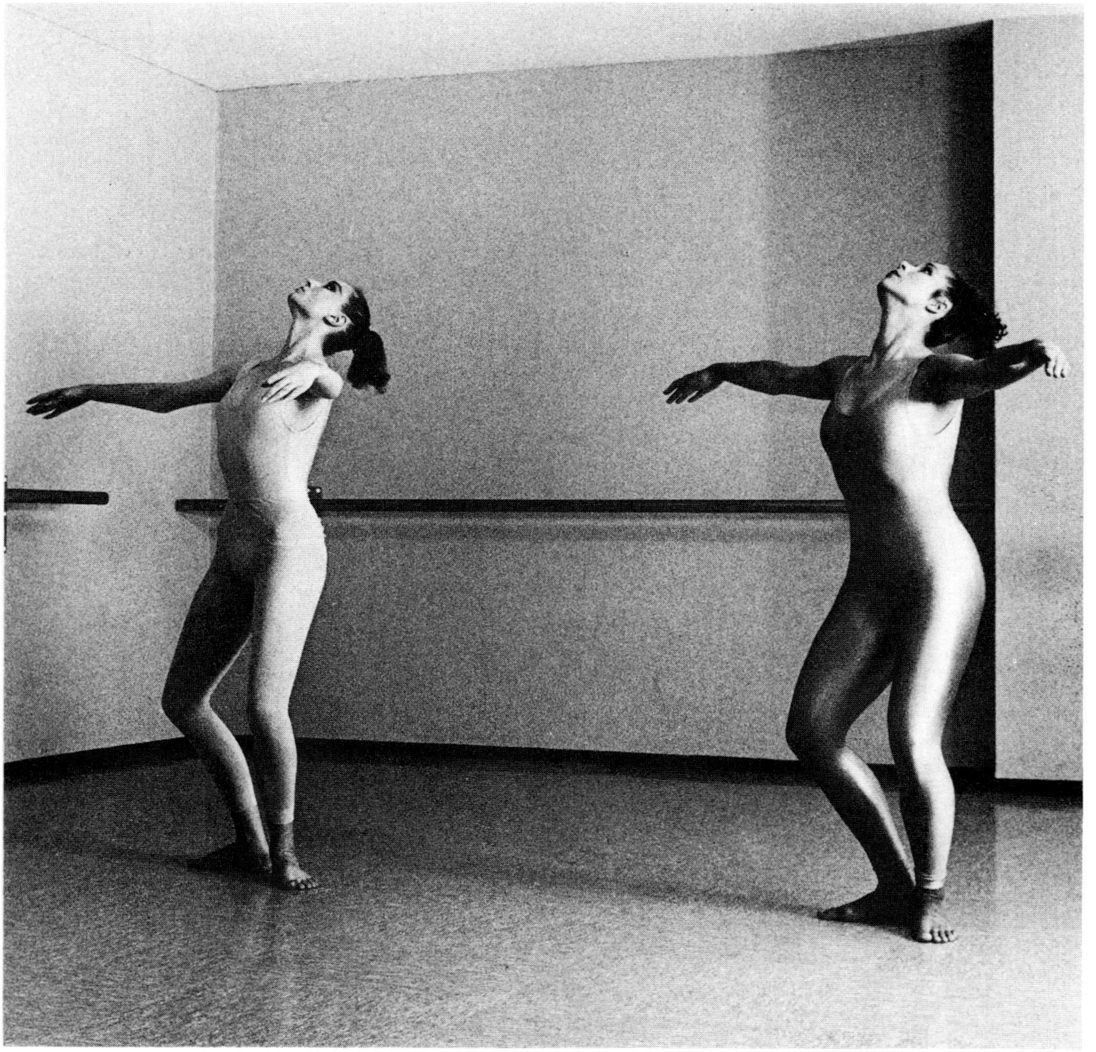

42 Endphase ist erreicht. Handrücken zueinander. Knie nach außen drücken.

42

43 Langsam zurückführen. Absolut gestreckt. Pelvis ausstrecken. Mit den Handflächen die Luft nach unten drücken.

43

44 Auf relevé enden. Balance halten. Bewegung in den Raum fließen lassen.

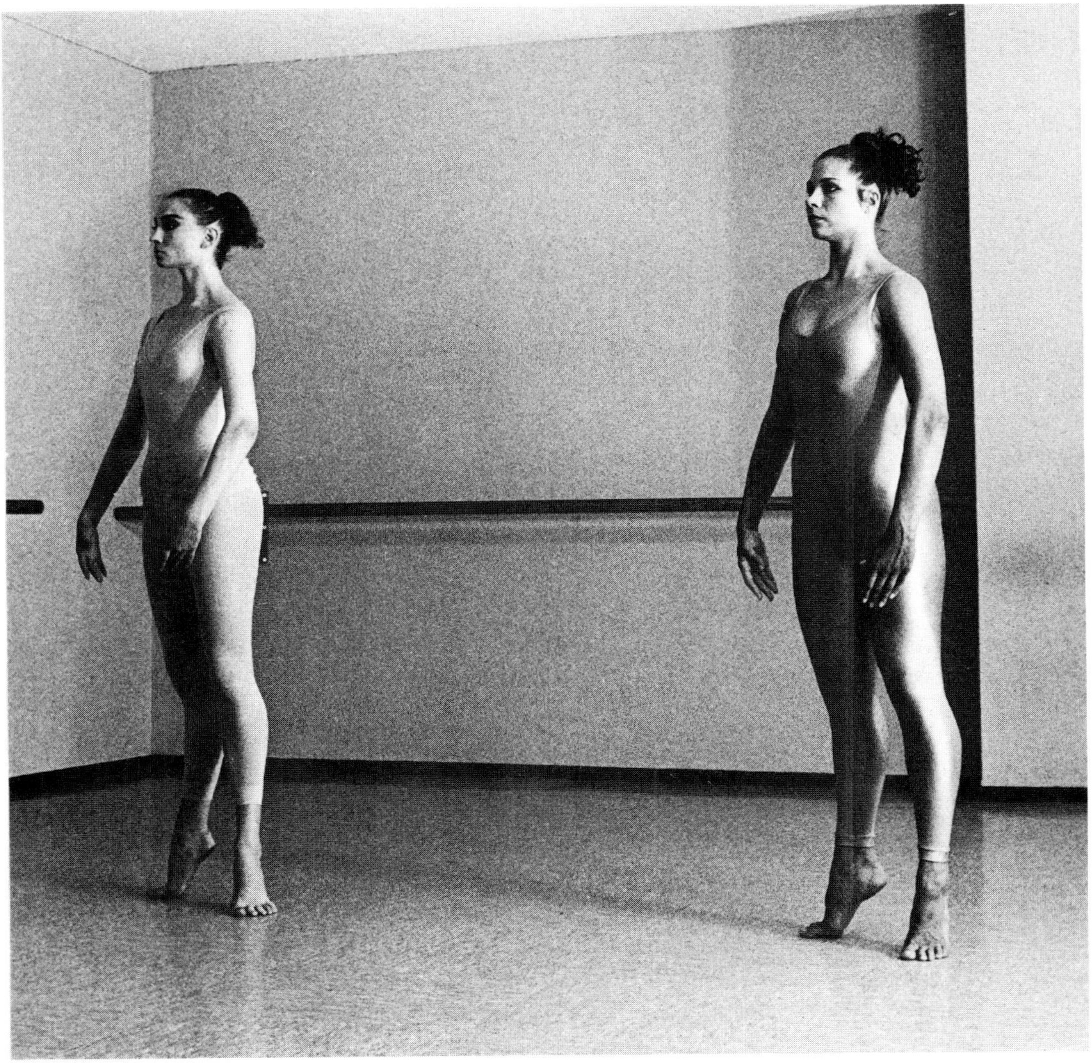

44

45

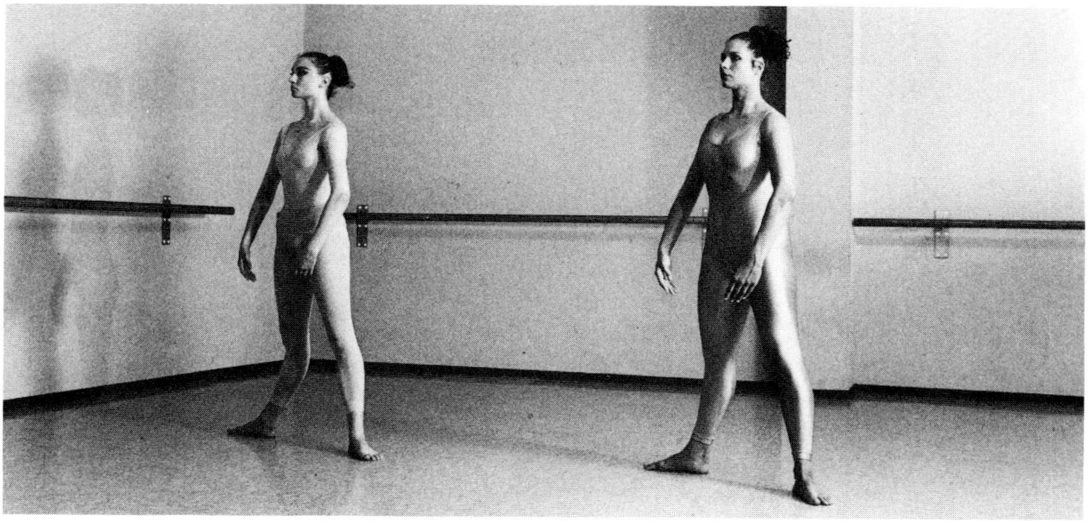

46

47

45 In der 2. Position beginnen.

46 Nach dem plié, Oberkörper tief nach vorne ...

47 ... dann zur Seite drehen.

48 Von der Seite Bewegung nach hinten führen. Arme gehen mit. Demi plié halten.

48

49 Knie strecken sich langsam. Schultern nach unten drücken. Focus weit hinaus in den offenen Raum.

49

50 Plié in relevé beenden. Oberkörper leicht nach vorne neigen. Balance wird damit unterstützt.

50

51 Hier nochmals grand plié in 4. Position mit drei Tänzern räumlich verschieden plaziert.

52 Rücken ist abgerundet.

53 Hände liegen locker auf dem Boden.

54 Rücken nach oben – Wirbel um Wirbel – abrollen. Arme locker hängen lassen.

51

52

53

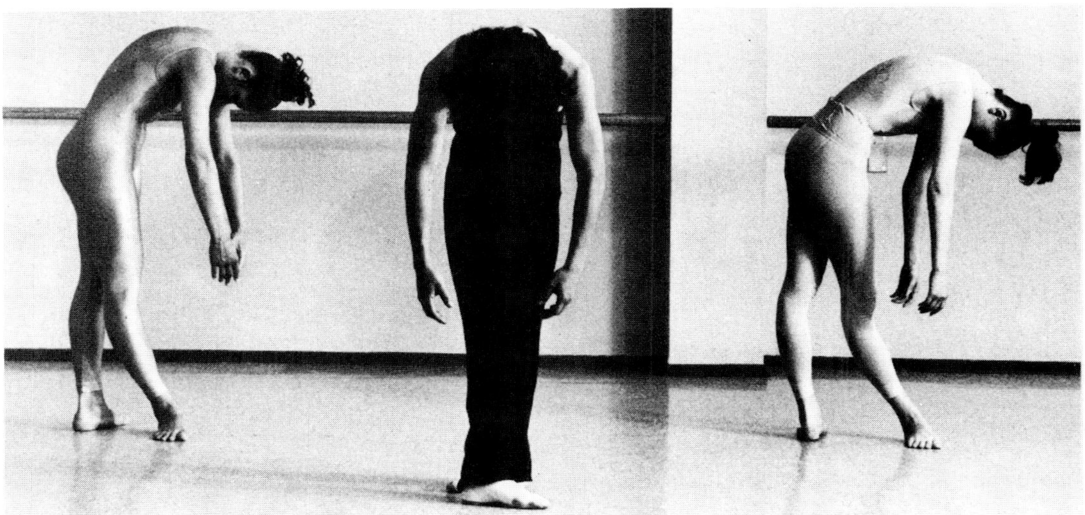
54

55 Vertikale nach oben anpeilen.

55

56

57

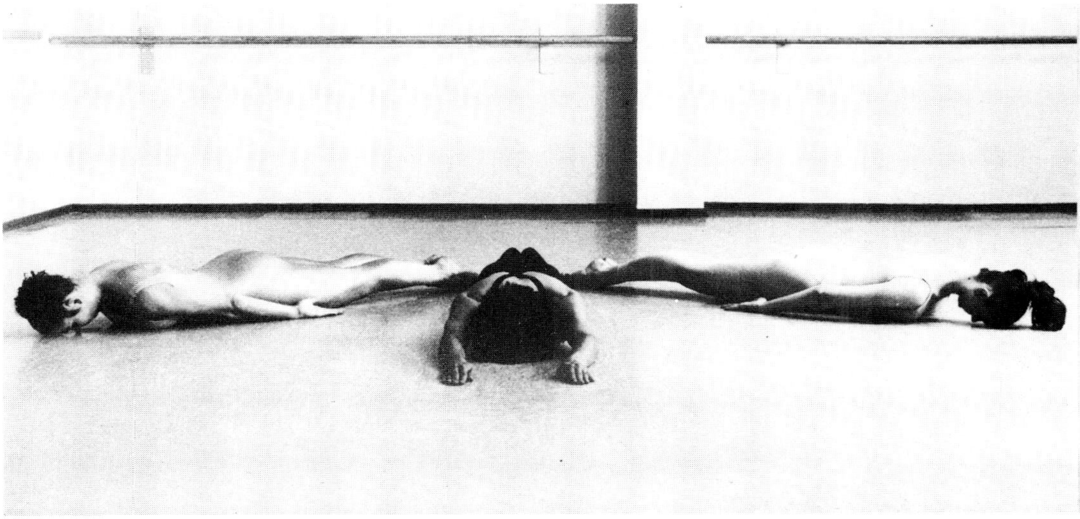

56 Nach Abschluß des grand plié in der 4. Position, Bein (rechts/links) auf dem Boden zurückziehen. Bitte auf die Nuancen von Arme, Hände und Schultern achten.

57 Den Ablauf auf dem Boden beenden. Der Raum schließt die Tänzer ein. Weitere Folgen können aus dieser Ruheposition neu beginnen, indem man z.B. den vorangegangenen Bewegungsablauf einfach auf den Kopf stellt. Damit ergibt sich bereits eine kleine choreographische Sequenz.

Tänzer – Raum – Orientierung

Im folgenden Abschnitt werden einige typische Beipiele von Ausgangs- und Standpositionen vorgestellt. Die Körperhaltung und der Körperausdruck schaffen hier einen spezifischen Raum und eine zwingende Bewegungskonsequenz.
Der entscheidende Dialog zwischen Tänzer und Raum beginnt bereits in diesem Stadium. Durch das Zusammenwirken von Standpunkt – Haltung – Raum entsteht eine Eigendynamik und die Sprache des Tanzes gewinnt an Form. Indem sich der Tänzer bewußt in den Raum komponiert, enfaltet sich die Choreographie zu einem architektonischen Gebäude und die Bewegung wird plastisch.
Wer sich ernsthaft mit dem Raum als Ausdrucksmittel auseinandersetzt, demjenigen werden sich mit Sicherheit neue ungeahnte Perspektiven tänzerischer Arbeit erschließen. In jedem choreographischen Entwurf muß der Raum als Gestaltungsmittel immer wieder neu entdeckt und neu geformt werden.

58

59

60

61

63

62

64

58 Konzentration, Sammlung.

59 Spannung und Öffnung in die vertikale Achse.

60 In den Raum mit der Hand die Linie verfolgen.

61 Explosion, Focus weit nach oben.

62 Mit dem linken Bein die Linie nach vorn führen.

63 Von der Körpermitte die Energie nach außen entwickeln.

64 Der Tänzer schwebt in der Mittelachse. Gegenbewegung im Torso.

65

65 Leichtes Verdrehen im Arm. Hand bildet Raum-Kontakt. Diagonal hoch. Schulter gibt nach.

66 Noch eine Variante. Focus nach vorne. Rechte Ferse heben. Gewicht gleichmäßig verteilen.

66

67

68

67 In Ruhe. Rause im Raum.

68 In die Spirale drehen aus dem Torso-Twist.

69 

69 Pause im Raum. Raumposition verändert.

70 Von der Pause im Raum Schritt frontal nach vorne.

 70

71 Zur Seite in Profil gewendet. Contract im Pelvis. Beine gestreckt.

72 Focus nach vorn, linkes Bein in demi plié. Rechts Bein in die rechte Diagonale nach hinten ziehen.

73 Rechtes Knie beugt sich. Ferse heben. Contract halten.

74 Durch Richtungsänderung ergibt sich eine neue Raumqualität.

71

73

72

74

75 Mit dem rechten Arm abstützen. Pelvis heben. Der ganze Körper schwebt in der Diagonale. Linkes Bein über passé ...

75

76 ... langsam in die Vertikale strecken. Arm ebenfalls.
Balance halten.

76

77

77 Ausgang zu einer Jazz-Drehung (inks/rechts) in demi plié.

78 Mit dem vorderen gestreckten Bein in die Boden-Diagonale gleiten.

78

Bewegung –
Raum –
Schrittmuster

Der Reichtum und die Vielfalt von Schrittfolgen, die es im Jazz Dance gibt, erfordern Gründlichkeit und klare Definition der einzelnen Schritte und Schrittmuster. Im Umgang mit Rhythmus und der musikalischen Zeit kommt eine weitere wesentliche Dimension dazu. Die rhythmische Struktur und der musikalische Charakter einer Komposition müssen in Einklang gebracht werden mit dem Schritt. Die Auseinandersetzung des Tänzers mit der Musik erfordert Flexibilität und Erkennen musikalischer Strukturen. Hier beginnt der Arbeitsprozeß und das Ausfeilen der Schritte und nahtlose Ineinanderfließen der Schrittfolgen.
Interessant ist die Tatsache, daß in einem einzigen Schrittentwurf durch geringfügige Änderungen der Raumrichtung und Bewegungsdynamik neue Schritte entstehen können.

79

Weicher ruhiger Bewegungsfluß. Die ganze Seite (links/rechts) in weitem Bogen in den Raum ziehen.

Leichtes Drehen. Rechter Arm ist locker. 80

81 

81 Tief in plié gehen, dabei schließen sich die Arme. Rücken bleibt gerade, danach ...

82 ... scharfe Wendung nach vorne. Battement zur Seite.

82

83

83 Auf halbe Spitze gehen (relevé). Gewicht gleichmäßig auf beide Fußsohlen verteilen.

84 Plié, auf halbe Spitze bleiben. Torso diagonal zurück kippen. Kraft im Pelvis halten, Arme nach vorn nehmen.

84

85 In die andere Diagonale wenden und den Schritt mit gestrecktem Bein weiterführen.

85

86 Eine weitere Variante. Focus frontal zum Zuschauer. Der Tänzer hebt seine Begrenzung auf.

86

87

87 Bei diesem Schritt ist die Streckung durch den ganzen Rücken sehr wichtig.

88 Hier fliegt der Tänzer förmlich weg. Die Bedeutung des Torso ist beim Jazz ein besonderes Merkmal.

88

89 Oberkörper fällt weit nach hinten. Arme und Hände in die Diagonalpunkte ziehen.

89

90

91

90 Variation: Bein aus dem passé strecken. Arme abgewandelt.

91 Nochmals den Schritt. Torso und Raumposition verändert.

92 Höhepunkt der Bewegung.

92

93

93 Der Schritt kann auch zurück in Attitüde (relevé) ausgeführt werden. Der Raum wird hier förmlich aufgesplittert.

94 Ein typischer Fall-Schritt. Aus dem Schritt auf halber Spitze (relevé) Torso zurückkippen. Kraft im Pelvis und den Oberschenkeln halten und weich mit den Knien auf dem Boden aufsetzen.

94

Sprung – Raum – Dynamik

Im Modern Jazz Dance gibt es eine Vielzahl von Sprungmöglichkeiten und Sprungformen. Die Ausdrucks- und Formensprache kann darüber hinaus durch minimale Veränderungen und Nuancierung der Hände, des Kopfes, der Beine und der Einbeziehung von Bewegungsqualitäten wie labil oder stabil, wesentlich erweitert werden. Sprünge können aus dem Lauf, dem Stand und aus einem Zwischenschritt ausgeführt werden. Grundregel beim Sprung ist jedoch (wenn vom Choreographen nicht speziell verlangt), daß der Tänzer beim Sprung den Rücken für einen Moment in der Luft gestreckt hält (Ballon-Effekt). Im Sprung entwickelt der Tänzer ein Höchstmaß an Raum und Bewegungsdynamik.

Ein Bein abgewinkelt. Arme diagonal geöffnet. **95**

96 In die andere Raumrichtung. Bein im passé hochgezogen.

Aus dem Lauf: linkes Bein überspringt das rechte wie eine Hürde (Flic-Flac). **97**

98 Nochmals ein Flic-Flac. Hände beim Sprung locker lassen.

99 Hier ist der gestreckte Rücken gut zu sehen.

100 Während man springt, Oberkörper nach vorne zum gestreckten Bein ziehen.

100

101 Flic-Flac direkt von vorne gesehen. Weite im Raum entsteht durch die Streckung im Rücken und Heben des Kopfes.

102

102 Aus dem Lauf abspringen und den ganzen Körper in die Horizontale legen.

103

103 Beide Knie zum Brustbein hochziehen. Beide Handflächen kräftig öffnen.

104

105

104 Beide Füße berühren sich in der Luft. Arme weit öffnen.

105 Die Hände halten die Knie fest und ziehen diese in der Luft einen Moment nach oben.

106

106 Die Füße überkreuzen etwas. Oberkörper neigt sich leicht nach vorne. Blick zum Boden.

107 Der Körper schwebt in der Achse. Blick weit in den offenen Raum.

107

108 Knie hochziehen, Füße strecken. Wie eine Marionette an den Fäden hängen.

Drehsprung: hier Absprung von links, Landung auf rechts. **109**

110

110 Nochmals ein Drehsprung. Hinteres Knie/ Oberschenkel nach oben drücken. Praktisch wie in der 4. Position.

111 2. Position, weit in den Raum öffnen.

112 Spagat: Brustbein nach vorne ziehen.

Nochmals Spagat von der Seite. **113**

114 Grand jete. Füße und Rücken strecken.

115 Vom Kopf bis zur Fußspitze strecken. Hals locker lassen.

116 Mit dem vorderen Bein beim Absprung grand battement nach vorne. Rücken unbedingt strecken.

Raum
und
Schrittfolgen

In den folgenden Sequenzen werden einige Schrittformen mit zwei Tänzern vorgestellt. Die Serie schließt in einer Variation mit drei Tänzern ab. Hier wird die Bedeutung des Raumes im Tanz und für den Tänzer selbst deutlich und anschaulich. Über die Körpertechnik hinaus muß der Tänzer sein Raumbewußtsein entwickeln. Er muß seine Schritte und Bewegungsfolgen bewußt in den Raum hineinzeichnen. Der Raum muß atmen! Indem der Tänzer sein Raumbewußtsein in der Bewegung klar artikuliert, wird sein Tanz lebendig und farbenreich.

Schrittformen

117 Ausfallschritt nach vorne in die Diagonale. Vorderes Bein in demi plié, hinteres Bein gestreckt. Gegenarm (hier rechts) nach vorne. Aus dieser Grundposition können Drehungen, z.B. über hinten, Schritte über passé und relevé entwickelt werden.

117

118

118 Aus der zweiten Position Focus nach vorne, relevé (hier links). Gewicht auf links, Pelvis stabil halten, das andere Bein (hier rechts) strecken. Die Arme und Hände sind aktiv gehalten.

119

119 Durch eine leichte Drehung des Oberkörpers (hier nach rechts). Veränderung der Arme, Hände und des Kopfes, wird sichtbar, wie man ein Grundmuster durch kleine Nuancen verändern und bereichern kann.

120

120 Die Position tastet sich in den Raum. Bein geht über passé, Torso zieht eine Kurve nach oben, Hände und Gesicht fließen in die Vertikale.

121

121 Senkrecht hoch auf halbe Spitze (relevé). Beine parallel, Wirbelsäule strecken, das hilft die Balance halten.

122

122 Danach Bein in der Luft ausstrecken (hier links) und mit einem Zwischenschritt im demi plié ankommen (beide Beine). Rücken bleibt gerade, Arme seitwärts, Hände locker fallenlassen. Kopf zurück.

123

123 Hier wiederum eine weitere Möglichkeit, den Schritt zu variieren. Auf die Hände und gestrecktes Bein achten. Gewicht ist hier auf rechts verlagert.

124

124 Nun ist der Oberkörper gerade, Gewicht noch auf rechts. Arme sind überkreuzt. Aus dieser Position können Drehungen entwickelt werden ...

125

125 ... oder auch Schrittmuster. Hier ein einfaches Gehen. Die Energie auf dem Boden mit den Fußsohlen spüren.

126

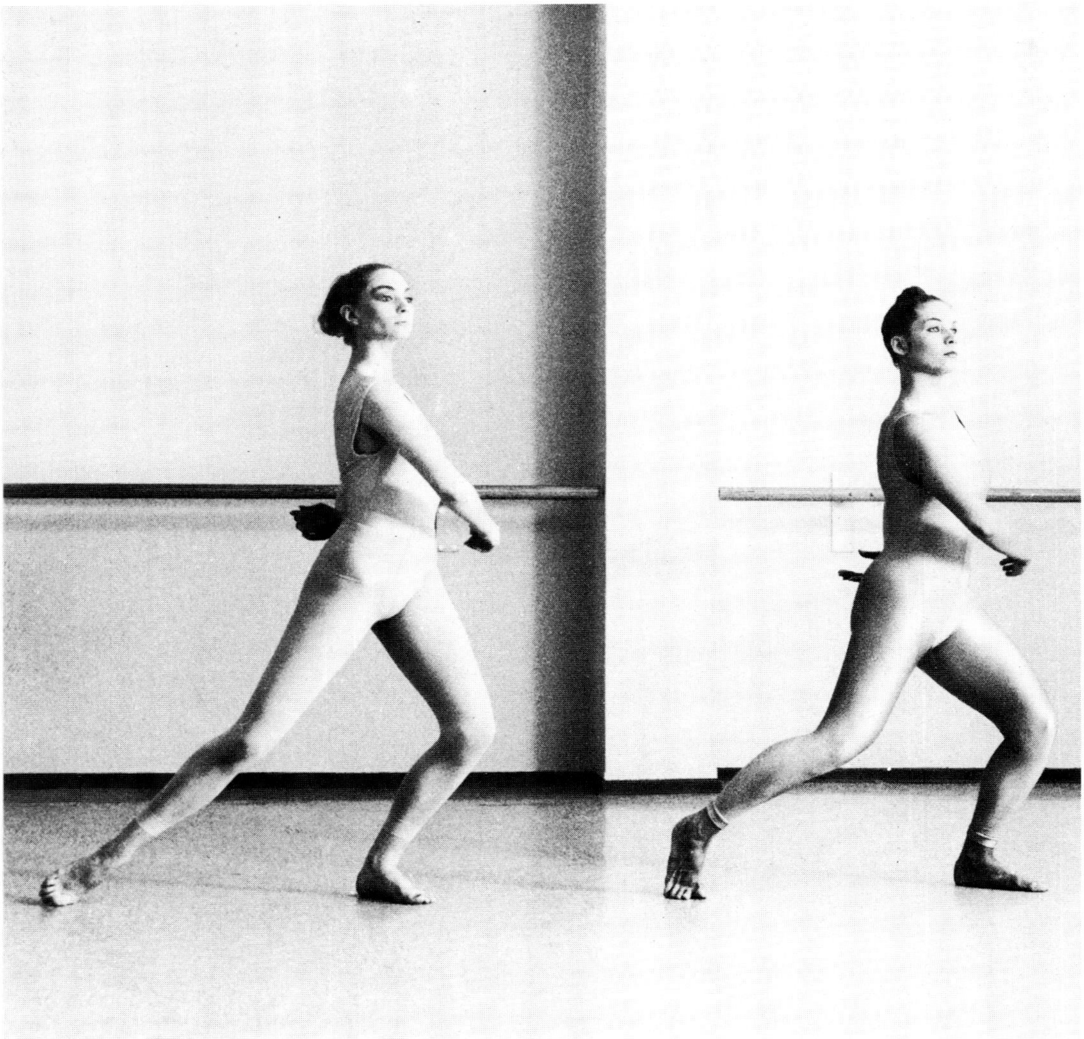

126 Hier eine weitere Form des Gehens. Beim Aufsetzen des Fußes Gewicht immer nach vorne. Hinteres Bein locker strecken. Arme während des Gehens leicht überkreuzen.

127

127 Wiederum ein Beispiel, wie man durch leichte Veränderungen mit dem Körper als „Tanzinstrument“ spielen kann.

128

128 Mit der rechten Körperseite langgezogene Kurve in den Raum. Bein im passé auswärts. Nicht die Schultern hochziehen. Ausatmen.

129

129 Relevé im Standbein. Twist im Oberkörper hier gegen das linke Knie.

130

131

132

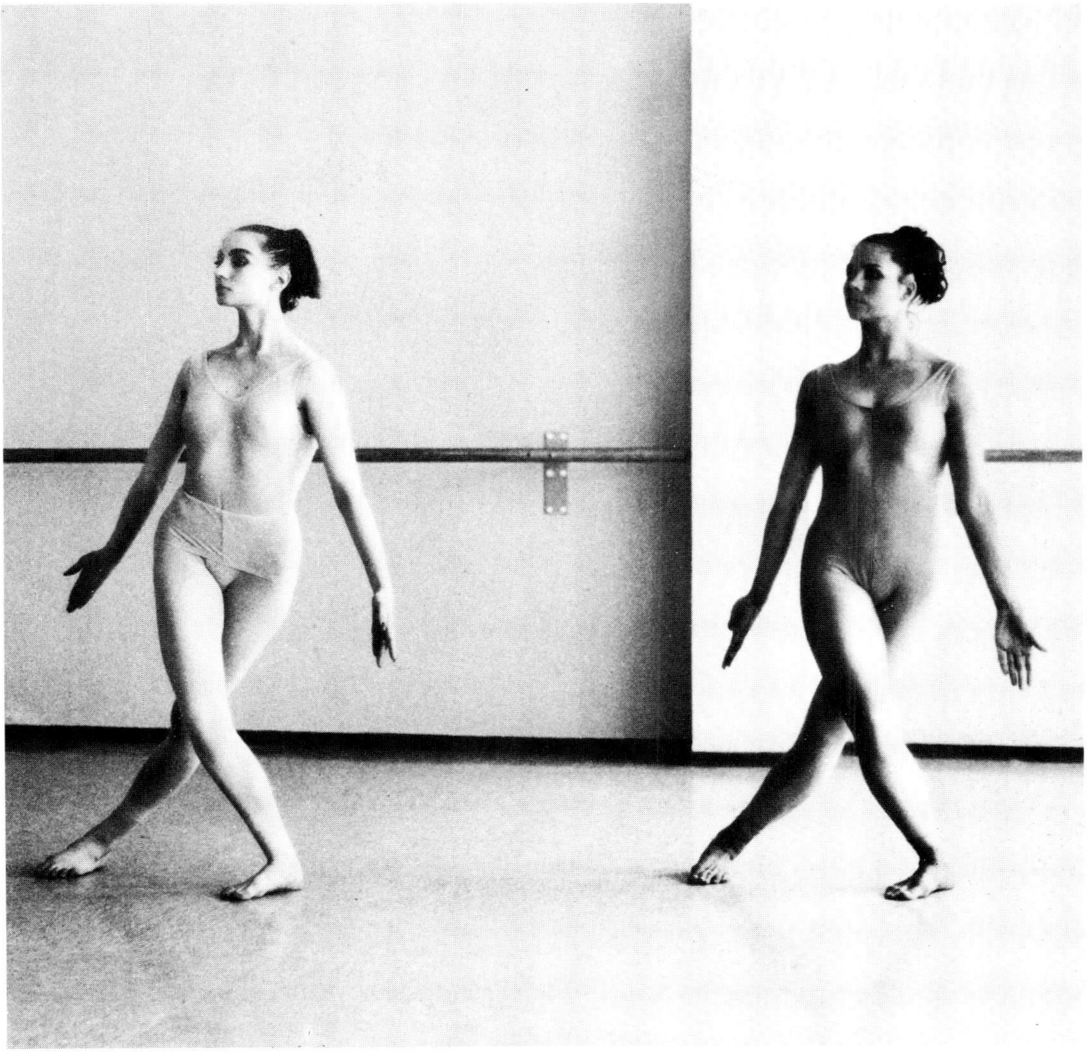

130 Von de- Twist-Form in die offene Form, noch auf halbe Spitze. Schritt in die Diagonale nach vorne ...

131 ... tief in den Boden ziehen, Arme wieder überkreuzen und den Ablauf durch eine weiche Jazz-Drehung über hinten (en dehor) auflösen.

Boden-Raum-Sequenz

132 Anfangsposition: Focus Diagonale rechts im demi plié. Wirbelsäule bis in die letzte Faser strecken.

133

134

133 Langsam in plié gehen, Ellbogen anziehen, Unterarme bleiben locker. Oberkörper beugt sich während des plié nach vorne.

134 Auf dem Boden sitzen. Stirn eng an das Knie führen, 1. Phase schließt hier ab.

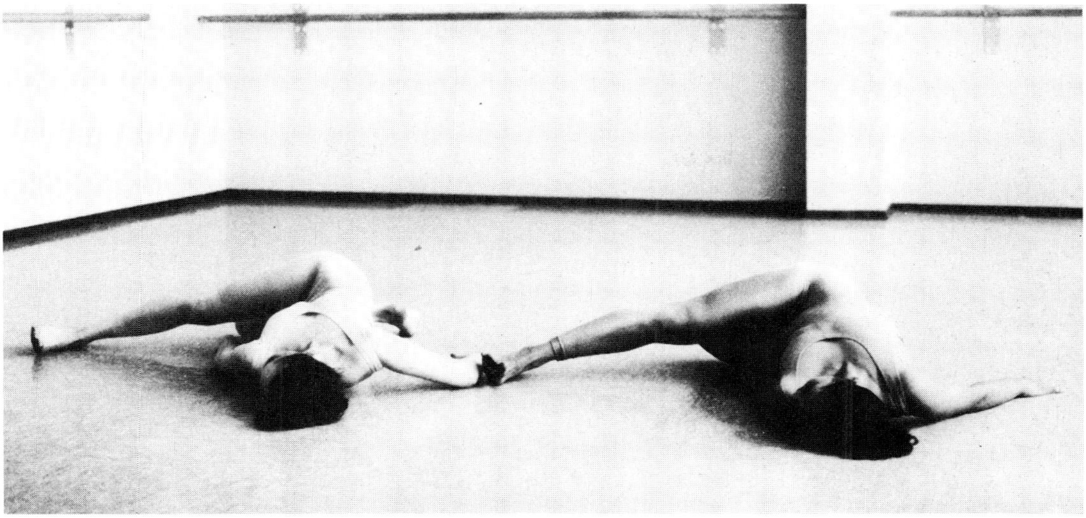
135

136

135 Langsam rechtes Bein ausstrecken. Fuß ist stark abgewinkelt (Flex). Torso auf den Boden pressen.

136 Zwischenphase: Beine sind geschlossen. Arme eng an den Körper gelegt. Mit dem ganzen Rücken den Druck des Bodens spüren.

137

137 Danach den ganzen Mittelkörperbereich wie ein Block mit dem gestreckten Bein nach oben zur Decke stoßen. Mit den Unterarmen abstützen. Das andere Bein ist zur Unterstützung gebeugt.

138

139

138 Danach Mittelkörper wieder auf den Boden legen und das gestreckte Bein in der Luft im Halbkreis nach links auflegen.

139 Linkes Bein in die Diagonale weiterziehen bis zu dem Moment, wo sich der Oberkörper dreht und das rechte Bein gestreckt zur Seite gleitet. Handflächen aufstützen. Kopf weit zurück, Hals locker lassen.

140

Schrittmuster

140 Hier ein typischer Jazz-Schritt während des Gehens – vorderes Bein in plié, hinteres Bein gestreckt, leicht nach innen gedreht – Oberkörper zum Standbein (Twist).

141 Die Arme beim Gehen über unten in die flache Diagonale ziehen. Dieses Beispiel zeigt den Ablauf nach rechts bereits im Endpunkt.

142 Hier auf links (Standbein rechts).

143 Von vorne in die Diagonale. Durch Veränderung der Hände und des Kopfes entsteht ein neuer Schritt.

141

142

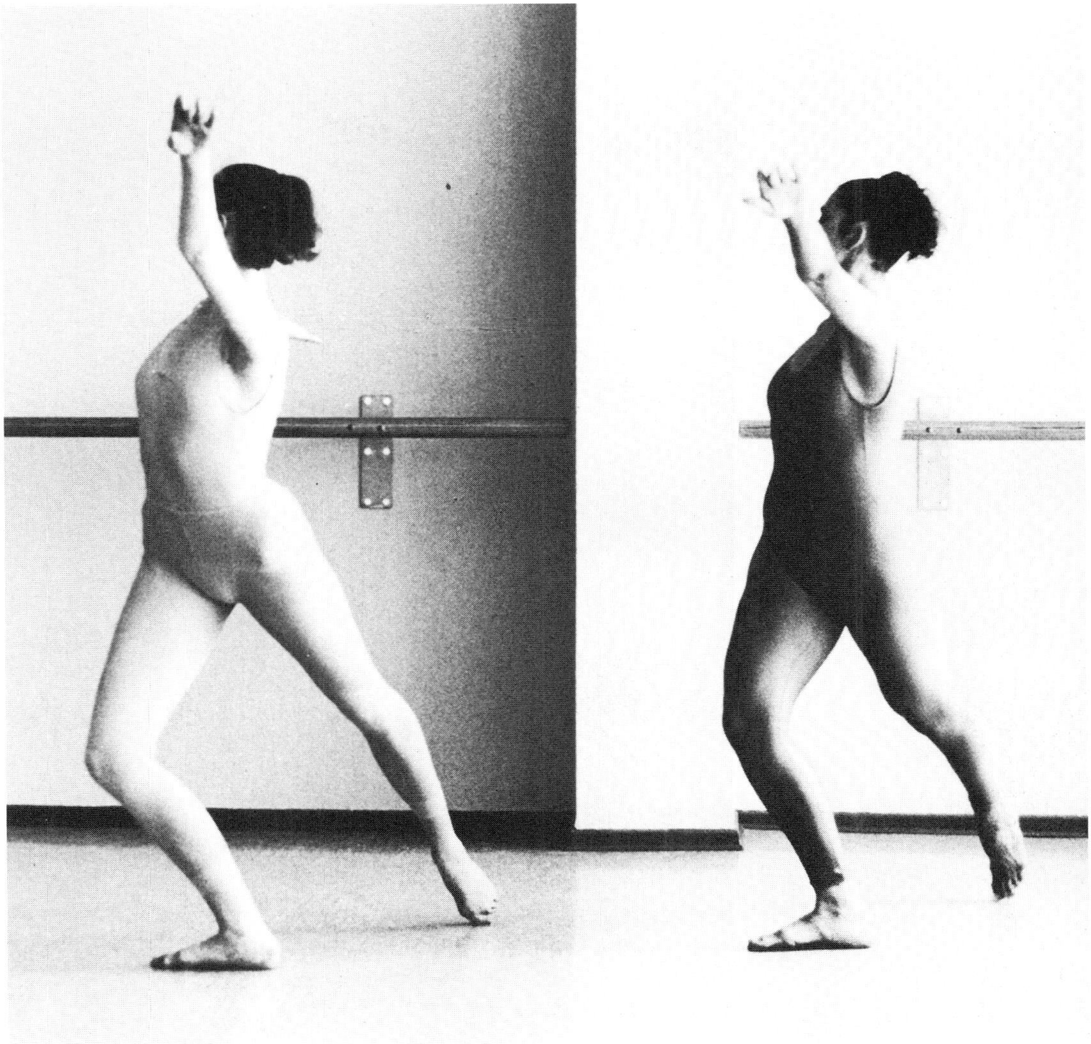

143

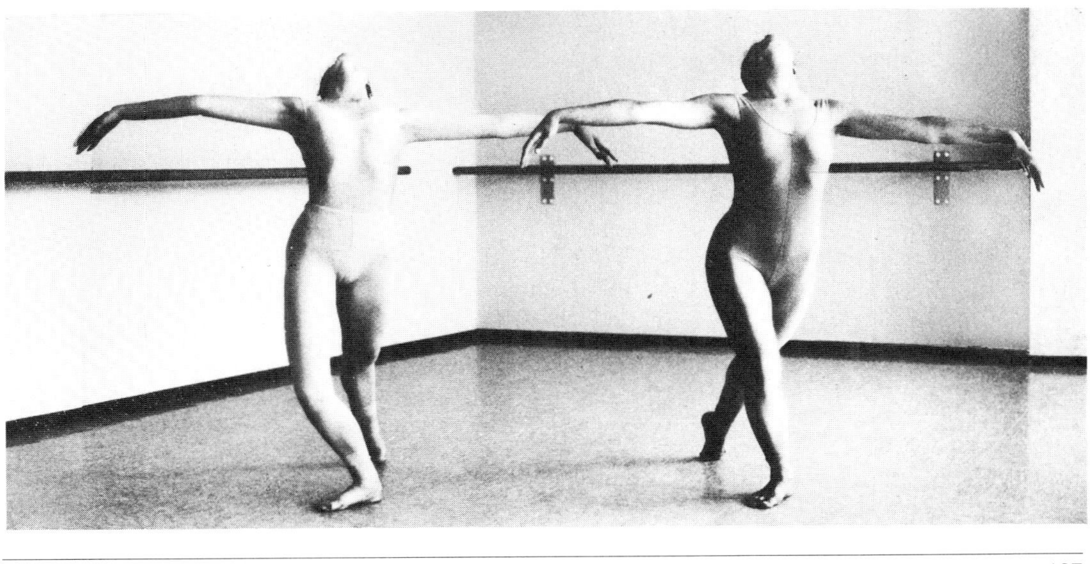

144

144 Hier im Prinzip der gleiche Schritt (Twist walk), tief in plié geführt. Bewegungs-Charakter und Raum verändern sich.

145

145 Vom tiefen plié nach vorne auf halbe Spitze aufsetzen. Auf den Twist im Torso achten. Hände weich auf die Schultern legen…

146

147

148

146 ... oder auch frontal nach vorne mit dem Oberkörper Focus hoch in die Diagonale. Handzentrum öffnen.

147 Der Grundschritt kann im weiteren auch mit passé/developé ausgeführt werden. Hier in der Anfangsphase.

148 Spielbein streckt sich. Rücken bliebt aufrecht.

149

149 Oberkörper und Arme horizontal nach vorne ziehen. Rücken abrunden.

150

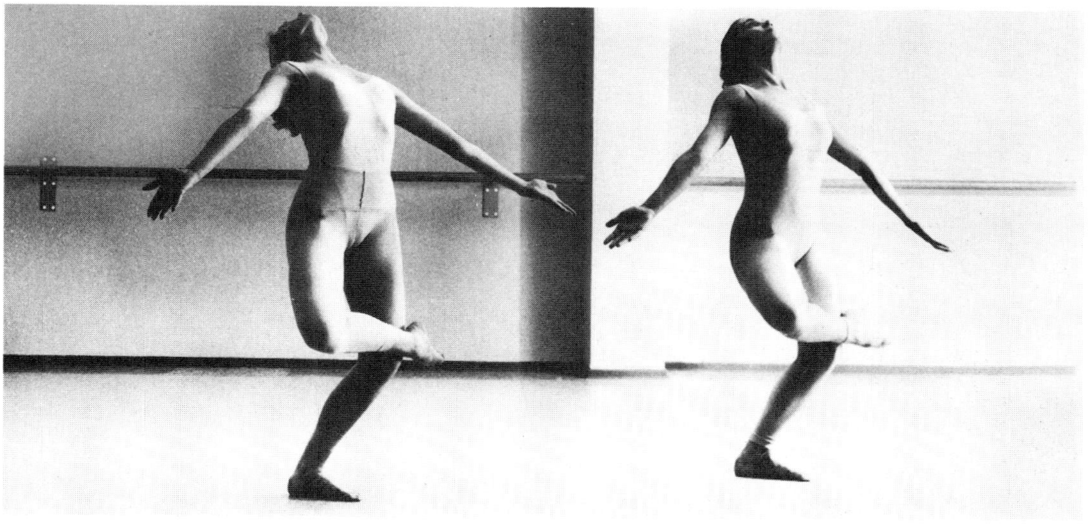

151

150 Bein zurück in passé führen. Ferse berührt das Knie. Etwas release im Pelvis. Kopf fällt nach hinten. Das Prinzip der Isolation ist hier gut zu sehen.

151 Bein nach hinten zur Attitüde führen. Fuß im Flex. Arme und Hände in beide Diagonalen ziehen.

152

152 Nochmals die Position in einer anderen Perspektive.

153

153 Attitüde-Schritt mit Twist im Torso...

154 ...und weiter nach vorne (diagonal) mit contract im Pelvis. Kraft halten.

154

155

155 Hier Twist-Attitüde von der anderen offenen Seite.
Oberarme zurückziehen.

156

156 Nochmals ein Grundschritt. Die Arme sind rund (einen Ballon in den Armen halten), als Trippleschritt in den Raum führen: tief – hoch – hoch usw.

157

158

159

157 Langgezogenes Gehen (Blues-Qualität) im demi plié. Hinteres Bein tiefe Arabesque. Man soll bei diesem Schritt das Gefühl haben, als gehe man durch Wasser.

158 Hier eine Version mit drei Tänzern. Durch die Armbewegung und den Blick über die Hand schafft jeder Tänzer einen spezifischen Raum.

159 Battement nach vorne (Diagonale) mit überkreuzten Armen. Die Hände sind gespreizt.

160

161

162

160 Mit dem Rücken voneinander abgewendet. Die Arme führen die Bewegung durch den Raum zum Kopf (Zielpunkt) des Partners.

161 Nochmals den Blues-Schritt (durchs Wasser gehen) im Trio.

162 Schrittablauf endet hier mit einem Fall zum Boden. Der Raum wird förmlich aufgesplittert. Standbein ist im plié. Auf halbe Spitze bleiben.

Raum – Bewegung – Farbe

Durch das Element Farbe wird eine weitere und wesentliche Dimension in die Tanzarbeit eingebracht. In der Partner-Arbeit ergeben sich naturgemäß neue räumliche und choreographische Situationen.
Die Gestaltung und Bewegungsfindung wird differenzierter, aber auch komplizierter. Der Tänzer sollte sich seinem technischen Vermögen sicher sein, damit er sich bewußt auf die Partnerarbeit einstellen kann.
Über das rein tänzerisch-handwerkliche Vermögen hinaus müssen die Tänzer über Sensibilität und Einfühlungsvermögen verfügen, um sich in optimaler Weise in gemeinsamer Arbeit zu unterstützen. Auf dieser Grundlage sind die Tänzer in der Lage, die vorhandenen choreographischen Gegebenheiten auszuloten und umzusetzen.

163 Die Tänzer öffnen den Raum diagonal und horizontal.

164 Vertikaler Raum zum Mittelpunkt. Die Kraft hält sich zurück.

165 Starke Spannung in die Achse nach oben, gemildert durch die Entspannung der Tänzerin.

163

164

165

166 Die Tänzer streben voneinander weg und bilden einen weiten Bogen in die Diagonale.

167 Der Ausdruck wird durch die enorme Spannung und Öffnung der Hände gesteigert.

166

168 Obwohl die Tänzerin in grand plié geht, schafft sie durch die Gegenbewegung im Torso die Armführung und den gezielten Focus, nach oben viel Raum.

169 Hier wird die Bedeutung der Hand und des Gesichtes deutlich.

168

170 Der ganze Körper fließt in den Raum.

171 Bei diesem Schritt wird klar, wie ausdrucksstark die Raumdiagonale ist.

171

172 Ein typischer Jazz-Schritt. Focus nach oben. Die Hände sprechen für sich selbst.

173 Beide Tänzer drücken die linke Schulter nach vorne und rechts zurück. Eine typische Jazz-Isolation.

172

174 Durch die lockere Hand und den Kopf leicht zurück, kommt eine neue Farbe in den Schritt.

175 Battement zur Seite. Oberkörper im rechten Winkel nach vorne, Arme zur Seite öffnen. Die Tänzerin schafft hier gleichzeitig zwei verschiedene Raumrichtungen.

175

176 Wiederum eine typische Jazz-Motion. Bewegungszentrum ist hier vor allem der rechte Ellbogen.

176

177 Durch richtige Gewichtsverlagerung und den sicheren Griff der Arme entsteht die Ausgewogenheit dieser Bewegungsform.

177

178 Beide Tänzer entwickeln die Raumspannung am Boden. Der Boden wird zum dritten Partner.

178

Körper und Bewegungszentren

Körper und Bewegungszentren sind wichtige Bausteine der Bewegung. Die Frage, wie und wo eine Bewegung beginnt, d.h. wo der Bewegungs-Ansatz ist, muß für eine bewußte Arbeit vorrangig sein, obwohl grundsätzlich der ganze Körper am Bewegungsgeschehen beteiligt ist (der Körper vibriert wie ein Musikinstrument), kann es vorkommen, daß die Grundbewegung in der Schulter, dem Knie oder einer Gesichtshälfte ihren Ursprung hat. Gewissenhafter Umgang mit der Frage „wo beginnt die Bewegung" oder „wo befindet sich das Körpergeschehen" ermöglichen eine zusätzliche Feinarbeit und Feinabstimmung einer fundierten Bewegungsarbeit, die letztlich der künstlerischen Arbeit zugute kommen.

Bewegungsansatz ist hier die rechte Schulter und das rechte, leicht gebeugte Knie. 179

180 Rechte Hand, Ellbogen und Ferse bilden hier die Zentren.

180

181 Starke Dehnung (Extension) wie battement mit dem rechten Bein. Mit dem linken Unterarm den Oberkörper gegen das Bein drücken.

181

182 Danach aus dem Pelvis senkrecht hochdrücken.

182

183 Ansatz zur Jazz-Pirouette über hinten, also nach rechts aus dem plié drehen (en dehor).

183

184

184 Nach Ausführung der Drehung: Standbein ist in demi plié. Linke Torsoseite leicht nach rechts ziehen. Zentrum: Körpermitte.

185 Drehung zur Körpermitte nach links. Rechtes Bein überkreuzt ansetzen.

185

186 Drehung hier nach links angesetzt, wird wieder nach links mit passé developé beendet. Mit den Armen wie auf dem Foto sichtbar nach vorne bremsen. Zentrum: gestreckter Rücken.

Bewegung – Form – Ausdruck

In dem abschließenden Kapitel werden der bisherige Weg und die Arbeitsmodelle wie in einem Brennspiegel nochmals zusammengefaßt.
Hier nun beginnt die eigentliche choreographische Arbeit und die Bewegungsform wird zu Bausteinen einer choreographischen Architektur. Im Kräftespiel von Raum – Bewegung – Formdesign gestaltet und übermittelt der Tänzer seine künstlerische Aussage.
Es muß an dieser Stelle mit Nachdruck daran erinnert werden, daß Tanztechnik, so vielseitig und umfassend sie für den Tänzer unserer Zeit auch sein muß, nur dann einen Sinn hat, wenn die technische Virtuosität der künstlerischen Botschaft untergeordnet wird. Technik darf nicht zum Selbstzweck werden! Der Tanz beginnt dort, wo die Technik des Tänzers zur zweiten Natur wird.
Diesen Schnittpunkt zu erreichen, ist wahrhaft ein langer und mühsamer Weg. Doch wer ihn ehrlich und konsequent geht, dem wird sich die Faszination des Tanzes erschließen.

187

188

189

190

187 Jazz-Pirouette, in demi plié beginnen.

188 Nach der Pirouette über rechts gedreht, Arme weiterführen.

189 Übergangsphase, weiche Armführung.

190 Im Gleitschritt zur Seite. Beinposition parallel.

191

192

191 Danach Gewicht auf links verlagern. Rechte Schulter führt in den Raum.

192 Arme diagonal öffnen, Vorbereitung zur Jazz-Pirouette. Rechte Ferse heben (über en déhor).

193 Ankunft nach der Drehung (en dehor).

193

194 Danach zum Boden gleiten (Spagat).

195 Jazz-Pirouette kann auch im relevé (en dehor) und Attitüde über hinten ausgeführt werden. Auf den Torso und die Arme achten.

194

196

196 Attitüde auf dem Boden; von hier kann man mehrere Bewegungsformen ableiten, z.B. nach rechts auf dem Boden abrollen.

197 Oberschenkel und Pelvis in die Diagonale nach vorn drücken.

197

198

198 Höhepunkt ist erreicht, auf relevé stehen. Hals lockerlassen und ausatmen.

199 Weitere Gleitform aus der 4. Position. Gewicht in diesem Fall auf rechts.

199

200

201

200 In Spagat ankommen. Oberkörper nach vorn ziehen. Arme seitlich...

201 ...oder auch in 4. Position aufsetzen. Hier linkes Bein strecken. Stirn berührt den Boden.

202 Körper-Isolation. Füße, Knie, Pelvis, Hände und Kopf unterbrechen die Linie.

202

203

203 Körpereinheit von der Fuß-Spitze bis in die Handwurzel. Knie beugen und langsam in den Boden sinken.

204 Spannung im Mittelkörper halten.

205 Variation der Arme.

206 Bewegungsphase abschließen.

204

205

206

207

208

209

207 Arabesque, steile Diagonale im Raum.

208 Twist im Oberkörper. Focus in die rechte Hand.

209 Nochmals 4. Position in croissé.

210 Schritt mit Schulterführung. Rechte Schulter, linkes Bein.

211 Nochmals den gleichen Schritt. Linke Schulter, linkes Bein.

212 Coupé-Schritt in die Diagonale, zurück mit dem Rücken abgewendet.

213 Körper-Isolation, starkes Release im Pelvis.

21

212

 214

214 Attitüde croissé. Torso in die Horizontale kippen. Linken Oberschenkel hochziehen.

215 Relevé mit passé. Balance halten.
Arme diagonal hoch.

216 Nochmals relevé-passé-Schritt.
Körperfront offen in den Raum.

217

217 Auf dem rechten Fuß weich landen. Bewegung läuft imaginär in die Diagonale weiter.

218 Weiche Swing-Bewegung der Arme aus der Körpermitte.

218

219

Mit den Augen die Bewegung verfolgen.

220

Ausgeprägtes Formgefühl wird hier beispielhaft demonstriert.

221

221 Durch minimale Veränderung der Arme entsteht neuer Raum.

222 Zentrale Bewegungs-Qualität aus dem Körperzentrum (etwas contract).

223 Auf halbe Spitze in passé. Hände kräftig schließen.

222

223

224 Zentrale Bewegung im Körper. Die Arme eng am Kopf vorbeiführen.

225 Weit in den Raum nach oben öffnen. Auf der Fußsohle stehen.

224

226

228

227

226 Fußballen links eng ansetzen.

227 Bewegungszentrum in der Körpermitte spüren.

228 Linkes Bein eng überkreuzen.

 229

229 Gewicht auf dem linken Bein. Rücken maximal strecken. Ausatmen.

230 Kraft im rechten Bein halten. Hände aus dem Handgelenk fallen lassen.

230

231

232

233

231 Weich nach links in die Drehung weitergehen.

232 Scharf nach rechts.

233 Frontal nach vorne und weiter in developé.

234

235

234 Schritt aus dem Pelvis entwickelt: gestreckte Knie, Pelvis nach links gezogen.

235 In demi plié, Arme vor, Pelvis immer noch links.

236

237

236 Pelvis nach rechts verschoben. Gewicht auf dem rechten Bein. Oberkörper leicht nach vorne geneigt.

237 Gleicher Schritt im Profil demonstriert.

238

239

238 Pelvis im Release zurück. Körper in der Vertikalachse.

239 Gleiche Position. Arme in 2. Position seitlich.

240

241

240 In demi plié release halten. Kopf locker zurück.

241 Handbewegung hoch und tief in Verbindung mit dem Schritt.

242

24

242 In 2. Position. Pelvis nach links. Linker Fuß in relevé.

243 Mit abgebeugten Armen um den Kopf kreisen. Die Ellbogen führen die Bewegung.

244

244 Pelvis frontal nach vorne ziehen. Torso gegen den Pelvis schrauben (Twist).

245

246

245 Pelvis zieht extrem nach rechts. Demi plié.

246 Schritt nach rechts aus dem Pelvis.

247

248

249

247 Vorbereitung (Preparation). Arme und Knie in demi plié.

248 Beide Ellbogen nach innen zur Körpermitte ziehen ...

249 ... und in den Raum explodieren. Torso bildet eine Einheit.

250

250 Extrem tiefes Plié. Linken Oberschenkel halten.
Linke Fußinnenseite auf dem Boden.

251

252

253

251 4. Bodenposition (croissé). Handflächen kräftig ausspreizen.

252 In die 1. Position (parallel) springen ...

253 ... und in 2. Bodenposition abschließen.

254

Jazz-Battement nach vorne. Wirbelsäule strecken.

255

Jazz-Battement von hinten gesehen.

256 Jazz-Battement zur Seite und auf relevé. Hände und Kopf variieren.

257 Jazz-Battement über Attüde zurück.

258

258 Schulter kreisen. Rechts vorn, links zurück.

259 Rechts geht über oben zurück, während links über unten nach vorne kreist.

260 Jazz-Pirouette nach rechts, mit Gewicht auf links.

261 Tripple-Schritt wieder auf rechts aus demi plié.

262 Linkes Bein in passé hoch und wieder nach vorne drehen.

259

261

260

262

263 Attitüde zurück mit Focus nach oben. Fuß strecken, Knie nach oben drücken.

263

264

264 Gleit-Battement zur Seite. Bewegung weit in den Raum führen. Kopf nach links gedreht.

265 Demi plié im Standbein. Den ganzen Körper in den Raum gleiten lassen.

265

266 Rechtes oder linkes Knie zu Boden führen.

267 Überkreuzt aufsetzen.

268 Über den Pelvis abrollen, Beine weit in die 2. Position öffnen.

266

267

268

269 In die 4. Bodenposition kommen. Abstützen mit der rechten Hand. Focus weit nach oben.

270 Aus der 4. Bodenposition, hier aus einem anderen Blickwinkel gesehen, Bein gestreckt nach oben führen. Pelvis hochdrücken.

269

270

271 Eine Variante der Arabesque-Figur. Brustbein setzt auf dem Boden auf. Beine kräftig strecken.

271

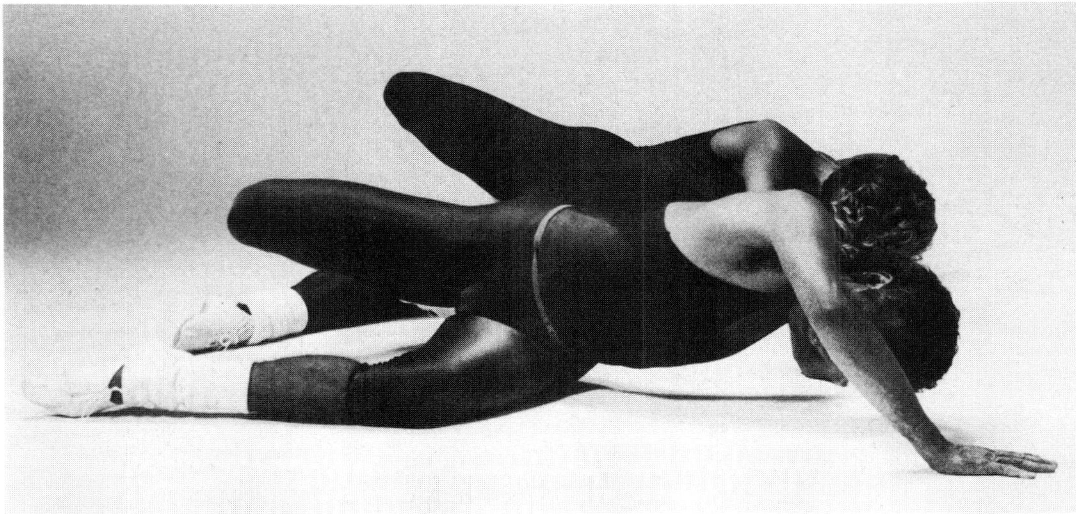

272

272 Danach auf direktem Weg Bein (bzw. Fuß) nach hinten aufsetzen in 4. Position. Der Torso liegt parallel zum Boden.

273 Sprung passé parallel. Rechte Schulter führt. Oberkörper gegen rechtes Knie drehen (Twist).

274 Beide Arme diagonal nach unten verlängern. Beine kräftig beugen.

274

275 Aus dem Lauf springen in offene Attitüde.

276 Rechtes Bein gestreckt. Den imaginären Punkt im Raum oben festhalten.

278

277 Füße und Kopf wollen sich in der Luft berühren.

278 Battement mit dem rechten Bein führt hier zum Sprung.

280

281

279 Spannung in der Luft für einen Bruchteil halten. Rücken wölbt sich zurück.

280 Gleicher Sprung siehe Foto 279. Rücken hier abgerundet. Arme halten die Luft fest.

281 Hier ist der Torso wie eine Schraube in die Laufrichtung gedreht.

282 Gleicher Sprung, mit 2 Tänzern ausgeführt. Der Raum gewinnt an Volumen.

283 Hier wird die Feinabstimmung der Partnerarbeit sichtbar.

284 Grand jeté. Gegenbewegung im Torso. Linken Arm zurückziehen.

285 Spagat: Der Tänzer hat den Null-Punkt in der Luft erreicht.

286

286 Battement-Sprung nach links. Oberkörper aufrecht halten.

287

287 Variante: beide Knie gebeugt. Beide Füße in Flex.

288

289

288 Spielbein während des Sprunges an die Stirn ziehen (Extension).

289 Drehsprung von links in Bewegungsrichtung nach rechts. Spirale im Raum.

 290

290 Beine maximal hochziehen. Hände schließen zur Faust.

291

291 Hürdensprung aus dem Lauf. Linke Hand führt die Bewegungsrichtung in die Diagonale.

292 Weitere Nuancen vom gleichen Sprung.

293

293 Spagat aus dem Stand gesprungen.

294

294 Spagatsprung mit gebeugten Knien. Arme weit geöffnet. Rechte Schulter leicht nach vorne gedrückt.

295 Kontakt beim Sprung halten. Oberkörper zueinander geneigt.

296 Zwei verschiedenartige Sprungformen zu gleicher Zeit ausgeführt.

297

297 Sprung in 2. Position. Hier sind die Isolation der rechten Schulter und der scharf abgebeugte linke Arm wichtig.

Der Raum des Tanzes

Dr. Kosme M. de Barañano

Konzeptmäßig ruht das griechische Denken auf zwei einfachen und zugleich komplexen Achsen. Die erste lautet in den Worten des Protagoras von Abdera: „Der Mensch ist das Maß aller Dinge, der seienden als den seienden, der nicht-seienden als den nicht-seienden."[1] Jahre später erfolgt durch Aristoteles eine Präzisierung: Messen heißt für den Mensch Erkennen, d.h. Maß ist – substantiell – Erkenntnis. Wörtlich sagt der Philosoph von Stagira: „Das Maß ist dasjenige, durch welches die Wirklichkeit als ausgedehnte erkannt wird."[2]

Die radikal neue Erkenntnis, um die die griechische *techné* – als Basis dessen, was später „Wissenschaft" heißen sollte – das menschliche Wissen bereicherte, war die Wertung des Messens als eine spezifische, der erfahrbaren, kontingenten und beweglichen Wirklichkeit gemäße Form der Erkenntnis. Der Mensch mißt, determiniert, lokalisiert und ordnet. Welches ist das direkte Objekt, das Ziel dieser Verben, dieser Handlungen? Die Antwort ist: Das, was ist und das, was nicht ist. Die subtile Unterscheidung von Sein und Nicht-Sein geht bereits auf die Zeit vor Pythagoras zurück. In den Versen des Parmenides liegt eine ganze Ontologie beschlossen, und auch von ihm wissen wir: „Was gedacht werden kann, ist das Gleiche wie das, was sein kann"[3], d.h. Gegenstand des Denkens ist das Sein.

Was hatten die Griechen, deren Denken sich in diesem Koordinatensystem bewegte, über den Raum zu sagen? Was war für sie der Raum im Verhältnis zu der Materie, den Körpern? Oder, bildhafter ausgedrückt: Worin unterschied sich das Leere, κένον, von dem Vollen, πλέον? Auf den ersten Blick schien die Sache ebenso einfach wie etwa die Behauptung, eine bestimmte Person sei tugendhaft, aber: Wie war „Tugend" konzeptmäßig zu verstehen? Was war das Leere, was das Volle?

Platon widmete ein ganzes Buch, den *Menon*, der Bemühung des Sokrates, das Konzept der Tugend, ἀρετή, zu erläutern. Konzeptuelle Hinweise auf den Raum, auf das Volle und das Leere, stehen in den meisten griechischen Schriften jedoch höchstens zwischen den Zeilen.

So stehen in der griechischen Welt vor Sokrates zwei Raumvorstellungen einander gegenüber. Für Parmenides existiert die Leere nicht, gibt es kein Nicht-Sein; Demokrit hingegen nimmt die Existenz der Leere an und scheint sie mit dem Raum gleichzusetzen: ein Nichts, in dem sich die Dinge bewegen.

Neben πλέον, dem Vollen, und κένον, der Leere, verfügte die griechische Sprache über den Begriff Χώρα = leere Stelle, die dazu bestimmt ist, etwas zu empfangen oder aufzunehmen, ein Behältnis, das nicht eigentlich ist, sondern nur gefüllt, ausgefüllt wird. Dieser Begriff erhielt später die Bedeutung „Lage", „Stelle" und bezeichnete noch später ein geographisches oder politisches Gebiet.

Zum anderen ist τόπος der Ort[4], das lateinische *locus* – *place* gegenüber *space* – während dás Adverb πού, *situs*, *ubi*, von der Anordnung der

Teile eines Körpers an seinem Ort, vom *wie* eines Körpers, also seiner Position spricht.
Bei Plato finden sich derlei Betrachtungen nur im *Timaios* (zweifelsohne das im christlichen Mittelalter bekannteste und einflußreichste platonische Werk, das übrigens auch eine Beschreibung des „Tanzes" der Planeten und Himmelskörper enthält), wobei Χώρα Raumcharakter hat, eine Art Zwischenraum zwischen der Welt der Formen oder Modelle (Ideenwelt) und der Körperwelt darstellt. Hinter den dunklen Metaphern des *Timaios* verbergen sich Platos Gedanken zum Raum. Strato von Lampsaco wird sie wieder aufgreifen und den Raum als etwas ständig mit Körpern ausgefülltes definieren.
Interessanter ist die aristotelische Spekulation, insbesondere im Buch IV der *Physik:* der Raum ist nichts anderes und kann nichts anderes sein als der Körper selbst. Jeder Körper strebt nach seinem Ort, und alle weiteren Fragen erübrigen sich. Der von Aristoteles durchgängig gebrauchte Begriff ist τόπος, der Raum und Ort ohne Unterschied bezeichnet und begreift; die Leere wird von Aristoteles kategorisch abgelehnt. In der *Physik* verneint er die Leere nicht nur wegen ihrer Folgen im Hinblick auf Bewegung, Kondensation und Ausdehnung, sondern auch aufgrund ihrer selbst, και καθ' αυτό.[5] Einigen Aristoteles-Spezialisten wie Zeller und Ross zufolge findet sich bei Aristoteles weder eine Theorie über den Raum noch überhaupt eine die Raumproblematik anrührende Fragestellung oder Antwort.
So unterschiedlich die Definitionen des Tanzes und zum Thema „Tanz" auch ausfallen mögen: es werden doch stets drei Schlüsselelemente sein, die sie auf einen gemeinsamen Nenner bringen: der menschliche Körper, seine Bewegung und der Raum. Heute wollen wir ein wenig bei jenem letzten Begriff verweilen: dem Raum. Wie wird der Raum im Tanz gelebt, wie wird er im Tanz gedacht, strukturiert, re-präsentiert?
Das Konzept des Raumes war schon im Altertum Gegenstand des Nachdenkens; die Griechen verstrickten sich in verschiedene Polemiken und erlangten dabei als einzige Gewißheit die, daß der Raum „schwer zu fassen" sei, wie Aristoteles in seiner *Physik* sagt. Der klassische Raumbegriff geht auf Euklid und Descartes zurück, d.h. Raum als *res extensa,* als eine Art „Universalbehältnis" der physischen Körper. Dieser Raum ist kontinuierlich, unbegrenzt, dreidimensional, homogen und gleichförmig. Dies ist das Schema der euklidschen Geometrie, das aus unseren Versuchen und Entwürfen nicht wegzudenken ist.
Neben Husserl *(Der Ursprung der Geometrie)* hat sich in diesem Jahrhundert am intensivsten Martin Heidegger mit der Frage des Raumes auseinandergesetzt. Er stellte das Raumproblem auf den Kopf, kehrte die aristotelische Definition, daß die Dinge im Raum sind, um und griff die relationale Konzeption von Leibniz wieder auf. Auf sie und andere Theorien zum Raum, die die Diskussion um unser Thema im Laufe der Jahrhunderte nicht abreißen ließen, werden wir in der Folge zurückkommen.
Heideggers Raumkonzept ist einer der Schlüssel zur zeitgenössischen Kunst: Raum, der von den Wesen geschaffen wird und nicht wie im herkömmlichen Sinn materieller Raum, der die in ihm stabilisierten Wesen enthält. Das bedeutet, daß die einzelnen Objekte bestimmte Plätze nicht aufgrund geometrischer Pläne, sondern aufgrund eines bestimmten signifikativen Wertes einnehmen. Statt Dimension Richtung, statt Linie Flucht ...
Mitunter hat Heidegger seine Raumanalyse auf der Analyse der alten griechischen Begriffe gründen lassen, welche Raum bedeuten und bezeichnen, so z.B. πέρας, Grenze, und vor allem dessen Wurzel, περ/πορ. In den romanischen Sprachen als Tür (puerta), Pore, Hafen (puerto) und Öffnung (apertura) weiterlebend. Ist nicht der Hafen die Grenze von Land und Meer, nach innen oder nach außen, je in Abhängigkeit von der Richtung, die unser Schiff nimmt, ein- oder auslaufend? Ist nicht die Tür auch Grenze, die ein Innen und ein Außen möglich macht? Läßt die Pore in der Haut nicht den Schweiß nach außen treten, während sie zugleich den äußeren Staub aufnimmt – einräumt, würde Heidegger sagen? Und ist der Horizont nicht Blick-grenze, Grenze, die unseren Blick schließt, trans-*portiert*? Bei Heidegger wird der Raum zu einem Bezugsfeld für das sterbliche Wesen Mensch, zu etwas, dessen Maß genommen werden muß im Hinblick auf das menschliche Wohnen.

Auch in Bezug auf den Klang und die Zeit ist dieser relationale Charakter des Raumes von Bedeutung. Gegen Ende von George Steiners *Blaubarts Burg* findet sich, wenn auch in anderem Kontext, eine interessante Beobachtung. Ein Auto mit offenem Fenster und vollaufgedrehtem Radio hinterläßt den Passanten eingehüllt in eine Klangschale; das Geräusch der Stadt hat ihn umfangen: die äußere Welt wird reduziert auf ein Bündel akustischer Oberflächen, Relationen, die mein Dasein prägen, ein Dasein, das von der Umwelt geprägt und berieselt, situiert und disponiert wird. Es ist, als wollten das Radio und die Musik und die Geschwindigkeit uns schützend in ihre Leere einhüllen.

Zu Beginn seiner Schrift *Die Kunst und der Raum* sagt Heidegger:

„Das Gestalten geschieht im Abgrenzen als Ein- und Ausgrenzen. Hierbei kommt der Raum ins Spiel. Er wird vom plastischen Gebilde besetzt, als geschlossenes, durchbrochenes und leeres Volumen geprägt. Bekannte Sachverhalte und dennoch rätselhaft."

Der relationale Charakter, den der Raum bei Heidegger hat und in der bereits genannten Schrift *Die Kunst und der Raum* gibt es keine Körper – die Darstellung von Körpern oder Objekten –, sondern einfach Linien, die sich nicht in einen Raum einfügen, sondern Raum schaffen, der seinerseits zugleich als Oberfläche vorgegeben ist.

Die Linie verliert ihre figurative Funktion, hört auf, Element im Dienst der Perspektive zu sein, um zum bezugschaffenden Raumelement zu werden, dessen Bedeutung auf einer anderen Ebene der „Figuration" liegt. Sie übernimmt die Artikulation von Räumen, wird zum Ferment ihrer Modulationen. Und wie der Körper eines Tänzers die Bühne, so bezieht die Linie das Papier selbst in ihre Aufgabe mit ein: Wir sehen dies besonders gut in den Collagen von dem Bildhauer Chillida am Rand der Papiere: Papier und Linie agieren wie zwei Musiker, deren Spiel aufeinander abgestimmt ist, so daß sie sich stets zueinander, in Bezug aufeinander, verhalten. Das Papier reagiert auf die Linie und übernimmt im nächsten Moment deren Part, nämlich wenn die Linie Papierrand ist. Das Papier ist Hintergrund und Vordergund, ist Linie am Rand und ist Fläche und immer noch Ufer. Es ist Fenster zum Abgrund und Abgrund zugleich; es ist Horizont: Himmel und Meer in einem. Das Papier ist nicht nur Aktionsfeld für die Komposition, die Raumexplosion, sondern im Werk Chillidas das, was das Szenarium im Ballett ist: einer der Akteure.

Afvillingskopf (Südafrika)

Nach Aristoteles fuhr man fort, den Raum entweder in der Nachfolge Demokrits als etwas nicht mit den Körpern identifiziertes oder gemäß Theophrast als durch die Stellung der Körper definiert zu betrachten.

Im Mittelalter war die Reflexion über den Raum an die christliche Philosophie, die Scholastik, gebunden, welche ihrerseits nicht sonderlich um eine Lösung des Problems bemüht war. Größtenteils in Abhängigkeit von der griechischen Philosophie, formierten und formulierten sich ihre Ideen zum Raum nach aristotelischer Lehre um den Begriff Ort oder *locus*, und die Leere. Erstmals erscheint der Begriff spatium als etwas Offenes, als Intervall oder Abstand zwischen zwei Punkten. Sein Inhalt bleibt indessen auf das ursprüngliche aristotelische Resultat, auf jene restriktiv reduzierte Interpretation beschränkt, der der überzogene Demokritsche Realismus gegenübersteht: das innere Intervall eines Gefäßes existiert nicht als körperlicher Raum bzw. etwas dimensional positives, das den sukzessiv es einnehmenden Körpern gegenüber Eigenständigkeit besäße.

Der Spanier Francisco de Toledo wies auf die Bedeutung hin, die der neuerlichen Einführung des Konzeptes der Leere in dem um den Raum kreisenden Fragenkomplex zukam und

Les Trois Frères, Ariège (Frankreich)
Die Drei Brüder

bemerkte für diejenigen, welche sagten, Gott könne die Leere machen, daß eine solche Realität in zwangsläufiger Folgerung dem Raume zuzuschreiben sei.

Die Renaissance ist bekanntlich die Geburtsstunde einer neuen physikalisch-technischen Konzeption der Natur und von daher, wenn nicht einer neuen philosophischen Interpretation des Raumproblems, so doch eines neuen Ansatzes, einer neuen Betrachtungsweise. An die Stelle der Vorstellung eines Raumes, der die Orte als einzelne Elemente umfaßt und einschließt, also in erster Linie Grenze und äußere Bestimmung der Körper ist, tritt die Idee eines als homogene und gleichförmige Ausdehnung begriffenen Raumes, welche die Grundlage der folgenden Entwicklungen auf den Gebieten der Geometrie und der modernen Physik bilden sollte.

In diesem Sinn nimmt die perspektivische Vision seit Masaccio und Brunelleschi eine Schlüsselstellung ein, denn die perspektivische Darstellung eines Objektes mittels eines geistigen Bildes, sprich einer Zeichnung, setzt das Verständnis des Standpunktes voraus, der die vermeintlichen Veränderungen der Form des dargestellten Objektes bestimmt. Die perspektivische Darstellung bedarf der ständigen Koordinierung von Subjekt und Objekt. Sie beruht auf der Erkenntnis, daß beide, Subjekt wie Objekt, demselben projektiven Raum angehören, der sich über das Dargestellte hinaus ins Unendliche fortsetzt und den Betrachter ebenfalls einschließt. Die Abstraktion der Form basiert im Grunde genommen auf einer kompletten Rekonstruktion des physikalischen Raumes, die in Abhängigkeit von den Bewegungen des Subjekts steht; der Rekonstruktion der Formen liegt der aktive Prozeß des In-Beziehung-Setzens zugrunde.

In jedem Falle haben sich die Sehmodelle seit der Antike nicht wesentlich geändert. Die heutige Plastik orientiert sich an den gleichen Sehmodellen wie die (an den römischen Kopien identifizierbare) griechische. Seit den Ägyptern und Griechen hat Bildhauerei mit dem Raum zu tun: *er* stellte das für die Definition des Plastischen grundlegende Konzept dar, wobei Raum allerdings identisch war mit Volumen. Die Problematisierung der Bildhauerkunst in der Renaissance hält sich an die vorgegebenen Modelle der Antike, genauer gesagt, an die platonische Vorstellung von Raum als enthaltendem, umfassenden Raum, wohingegen die von den aristotelischen Scholastikern vertretenen Ideen, die den Raum als einen bestimmten Ort konzipierten, erst in der Plastik des Barock deutlicheren Niederschlag finden.

Die moderne Raumvorstellung wird mit Descartes geboren: der Raum als *res extensa* mit Eigenschaften wie Kontinuität, Exteriorität, Dreidimensionalität. Im Folgenden wurde der Raum von Philosophen und Wissenschaftlern zunehmend als eine Art „Universalbehältnis" der physikalischen Körper betrachtet. Zu den Eigenschaften eines solchen Raumes zählen vor allem folgende: Homogenität (d.h. seine Teile sind qualitativ nicht auseinanderzuhalten), Kontinuität, Unbegrenztheit, Dreidimensionalität und Gleichförmigkeit (d.h. eine bestimmte Figur dient als Grundmuster für eine unendliche Anzahl Figuren auf verschiedenen Ebenen). Diese Raumvorstellung findet ihre Entsprechung zum einen in den Raumeigenschaften in der euklidischen Geometrie und zum anderen in der Vorstellung vom Raum als etwas Unendlichem. Diese vom europäischen Rationalismus entwickelte Konzeption einschließlich der Spezifizierungen des Empiristen Locke, dessen Interesse wie das der heutigen Psychologie hauptsächlich dem Ursprung der Raumidee galt, bedürfen keiner weiteren Erläuterung.

Clarke (im Grunde Newton) und Leibniz sind zu Beginn des 18. Jahrhunderts die beiden Exponenten einer folgenreichen Polemisierung des Problems. Dem absoluten Raum Newtons, in dem sich die Körper bewegen, setzt Leibniz den Raum als Relation gegenüber.

Nach Stephen Toulmin gibt es keine zwingenden Gründe für die Annahme, daß der Raum bei Newton ein absolutes Sein ist. Vielmehr hat für Toulmin die Newtonsche Definition operativen Charakter: die Unterscheidung von mathematischem und wahrnehmbarem Raum ist nicht empirischer Art; nicht zwei Sachverhalte – ein unbeweglicher und ein beweglicher – werden hier unterschieden, sondern zwei mögliche Operationsfolgen. Toulmin setzt hinzu: „Absoluter Raum und absolute Zeit sind nicht die perfekten Maßstäbe schlechthin, sondern eher theoretische Ideale, in Bezug auf welche alle relativen Maßstäbe bessere oder schlechtere Annäherungen darstellen.“[6]

Die ausschließlich oder nahezu ausschließlich theologische Interpretation der Konzeption Newtons beruht darauf, daß diese mit den Ideen einiger seiner Nachfolger wie Clarke und Ramson verwechselt worden sind, wobei der von Newton geformte Begriff des absoluten Raumes keine theologische, sondern eine dynamische Substanz hat.

Diesen Irrtum zeigte bereits der baskische Philosoph Jaime Echarri auf. Nach seiner Auffassung sind die Newtonschen Begriffe des absoluten Raums und der absoluten Zeit völlig getrennt von den übrigen Definitionen Newtons zu behandeln und folglich von ihrem eigenen Standpunkt aus zu beurteilen.

Die Gedanken Leibniz' sind indessen nicht neu: Schon Teophrast, jener kluge Schüler des Aristoteles, sah den Raum nicht als eine Wirklichkeit an sich, sondern als „etwas“ durch Stellung und Ordnung der Körper definiertes. Bei Leibniz ist der Raum etwas ideales, nicht reales, ein Konzept und keine Realität, eine in geschichtlicher Entwicklung begriffene Idee: Raum als „existentielle Ordnung der Dinge in ihrer Gleichzeitigkeit.“

Für Kant, im ausgehenden 18. Jahrhundert, ist der Raum eine Erscheinungsform a priori der Wahrnehmungsfähigkeit, die die Erfahrung der Außenwelt möglich macht; der Raum ist die Voraussetzung für die Existenz der Phänomene und deshalb a priori intuitiv, unabhängig von der Erfahrung und transzendental, d.h. jenseits der Phänomene. Die späteren Meinungsverschiedenheiten um das Raumproblem im deutschen Idealismus kreisen um die Frage, in welcher *Form* dem geistigen Subjekt die tranzendentale Vorstellung von Raum zugestanden werden soll, d.h. um den „Konstruktivismus“ des Raumes, seine Konstruktivierbarkeit.

Im 19. Jahrhundert war häufig nicht nur die Natur des Raumes (oder der Raumvorstellung) Gegenstand des wissenschaftlichen Interesses, sondern darüber hinaus auch die Frage nach dem Ursprung des Raumbegriffes. Absoluter oder relativer, subjektiver oder objektiver Charakter des Raumes waren Themen zahlreicher Diskussionen; mitunter schmolzen die verschiedenen Überlegungen zu einer Theorie zusammen, wie etwa zur geometrischen (Raum als Ort der Dimensionen), physikalischen (Raum im Verhältnis zur Zeit), gnoseologischen (Raum als Kategorie), psychologischen (Raum als Objekt der Wahrnehmung, als Ergebnis einer gelebten Erfahrung), ontologischen (Raum als Determinierung und Charakterisierung bestimmter Wesensarten) und metaphysischen (Raum als Grundbegriff für das Verständnis der Wirklichkeitsstruktur).

Alle diese Überlegungen zum Thema „Raum“ befinden sich in Abhängigkeit vom Standort des Forschers, seinem Angriffsziel, der verfolgten Strategie, d.h. von Faktoren, die schließlich ausschlaggebend sind für das Ergebnis, die neu gewonnene Ein-sicht, die Tiefe der Erkenntnis. So ist beispielsweise in der Psychologie von einem „Projektionsraum“ die Rede, wenn ausgedrückt werden soll, daß ein Objekt oder eine Zeichnung sich nicht mehr isoliert, sondern in Bezug auf einen „Standpunkt" betrachtet, sei es der des Subjekts oder aber der anderer Objekte, auf die es sich projiziert: die Interkoordination einzelner Objekte im Raum interessiert mehr als die Analyse isolierter Objekte.

Mit ganz neuen Fragen brachen Ende des 19. und Beginn des 20. Jahrhunderts Malerei, Bildhauerei und Ballett mit dem traditionellen Raumbegriff: Sie begannen auf völlig neue Weise zu fragen, sich zu hinterfragen, das Wesen des Raumes zu ergründen, den Dolch, die Faust, den Kiel in den corpus, in das maremagnum Raum zu stoßen.

Körper als raumbestimmender Faktor: der Grundsatz Husserls von der Intentionalität des Bewußtseins führt zu der Folgerung, daß jedwede „Vision" erst durch die Kraft des Blicks, wenn nicht des ganzen Körpers, erzeugt wird. Zumindest ist unser Körper stets Ausgangspunkt, dessen spezifische „Einstellung" wie das Objekt einer Kamera über die Beschaffenheit, die Schärfe unserer Visionen entscheidet: durch Gestik, Geschlecht, Richtung und Ausdruck unseres Blicks, Körpergröße, einen ausgestreckten Arm usw. korporeisieren wir den Raum; durch das Beziehungsgeflecht der von uns geschaffenen Objekte, Lebens- und Interessengebiete materialisieren wir ihn.

In ihrer unsagbaren Selbstverständlichkeit erinnert diese Feststellung an das Konzept der Zeit bei Augustinus von Tagaste: fragen wir nicht nach dem Warum einer Sache, die garkeines hat? Wir haben versucht, den Raum wie die Bläue mit der Länge von Wellen, mit den drei Dimensionen zu erklären: Erklärungen, die uns im Grunde ebensowenig etwas sagen wie die exakte Zahlenangabe in Bezug auf eine Menschenmenge, von der letztlich doch nur interessiert, daß sie eine Menge ist.

Zu Anfang des Jahrhunderts entdeckten Brancusi, Julio Gonzalez u.a. den Raum als Linie, Fläche, als unendliche Möglichkeit. Sie entdeckten, daß Länge, Breite und Höhe der Körper nicht wesentlich, daß sie Produkte des Zufalls sind. Mit der ihnen eigenen plastischen Einfachheit begründeten sie eine neue Konzeption des plastischen Raumes: Raum stellt sich nicht mehr als eine Masse oder gegebene Orte einschließende Oberfläche dar, sondern als eine lebendige Wechselbeziehung von Orten.

Wie Gombrich sagt, wirken neben perspektivischen und sonstigen künstlichen Mitteln auch die Kräfte raumverändernd, die ihn errichten und um ihn walten. So zeigt uns beispielsweise der Schweizer Architekt und Musiker Appia (1862–1928), daß sowohl die musikalische als auch die dramatische Zeit einen Raum, in dem Musik oder Drama sich entwickeln, festlegen und regulieren und überhaupt erst hervorbringen. Die Kunst der Inszenierung – im reinen und ursprünglichen Sinn des Wortes – ist für Appia nichts anderes als die Gestaltung eines Textes oder einer Musik, welche dem Verständnis erschlossen werden, kraft der Bewegung des menschlichen Körpers, seiner Reaktionen auf durch Ebenen, Dimensionen und „Orte" der Szene gebildete Widerstände. Indem er das bewegliche, wechselnde, raumverändernde Licht in die Raumgestaltung einfließen läßt – wie in den Werken Medardo Rossos oder später, nach Appia, in der Einfachheit der Räume Lucio Fontanas – trifft Appia das innerste Wesen des Raumes, verleiht ihm ein Eigenleben und belebt die Raumkonzeption. Nichts überflüssiges ist in der einfachen Kraft, mit der Appia sich den Raum in seinen Inszenierungen ausdrücken läßt, und schon gar nicht, wenn wir an andere Ausdrucksmittel und Medien denken. Statt mit einer Raum-„Beschreibung" haben wir es mit einem „vergeistigten" Raum, einem geistigen Raum zu tun, d.h. einem Raum, der zugleich und wieder ganz neu in der Anschauung, im Geiste des Betrachters Gestalt annimmt.

Der Atheist Jean Genêt äußerte Alberto Giacometti gegenüber einmal, daß eine einzige seiner Skulpturen – jener spaghettigleichen menschlichen Figuren – ein Zimmer in einen Tempel verwandele. Der Stein oder sein Bild verändern den Raum immer, werden immer zu seinem Zentrum. Unser ausgehendes Jahrhundert aber ist der Untergang des Steins und der Ruine. Werden Plastik, Eisen und Beton, wird die Begeisterung für das Starke, Harte und Beständige, für das Amorphe und das Profane einen Raum homogenisieren können, der homogen niemals war?

Zu Beginn unseres Jahrhunderts wurde die klassische Raumvorstellung, im wesentlichen infolge der Fortschritte in der physikalischen Wissenschaft, weitgehend über Bord gewor-

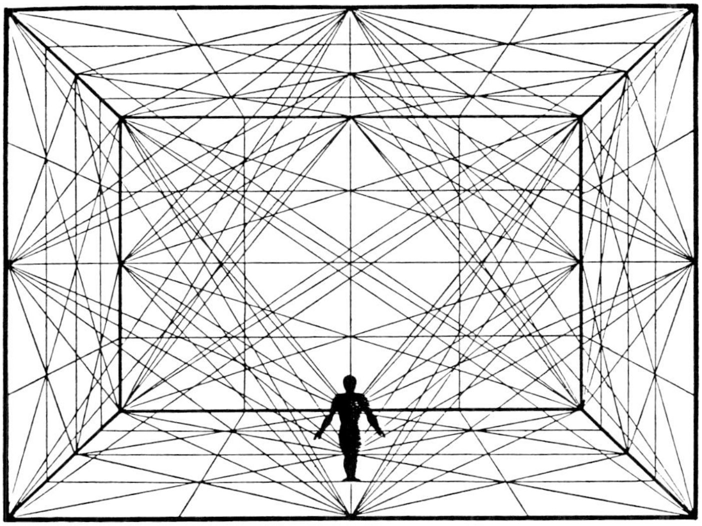

Oskar Schlemmer

fen. Relativitätstheorie und Wellenmechanik, elektromagnetische Felder und die Unterscheidung mikro- und makrophysikalischer Prozesse erzeugten die Vorstellung eines Raum-Zeit-Gebildes und sogar eines gekrümmten Raumes mit Schwammstruktur.
In jedem Fall ist seit der physikalisch-philosophischen Kosmologie die Kette der sowohl subjektivistischen als auch objektivistischen, letztlich theoretischen und in der Polarisierung der griechischen Welt verwurzelten Betrachtungsweisen bis heute nicht abgerissen. Und doch können wir sagen, daß es der zeitgenössischen Plastik gelungen ist, einer subjektiven Anschauung objektivierend Gestalt zu verleihen.
Der physische Raum und die physikalische Raumkonzeption schließen keineswegs die Existenz nicht-physikalischer raumbezogener Vorgänge und Phänomene aus wie etwa die Orientierung im Raum (ein möglicher Modus des Sich-Befindens im physikalischen Raum ist ja der psychologische Raum) oder die Bildung spezieller Raumsysteme (durch die spezielle Anordnung der Objekte, ihre Beziehung untereinander, ihre Interferenzen und ihr Schweigen wie z.B. in der zeitgenössischen Plastik, obwohl andererseits die Skulptur im Prinzip in sich selbst, d.h. in ihrer eigenen in sich und durch sich kontrastierten Präsenz ruht und darüber hinaus keiner anderen Realität bedarf).
Raum wird nicht repräsentiert, sondern entsteht, „determiniert" sich formal, wobei ihm alles Objektive, Systematische, jede absolute und unveränderliche Struktur zuwiderläuft und jeder vitale Prozeß, jede relationale Kategorie, die ja mitunter auch eine historische ist, entgegenkommt. Wir selbst sind ja Raum, sind aus Raum gemacht und schaffen Raum. Vergegenwärtigen wir uns, daß der Raum nicht nur eines der Elemente des Tanzes (bzw. der anderen plastischen Künste) ist, etwas von ihm „Repräsentiertes", in Frage Gestelltes, Ausgefülltes, sondern zugleich eine der Darstellungskategorien des Kunstwerks.
Dies trifft im wesentlichen auf jene Künste zu, die sich an den menschlichen Blick wenden. Unser Blick lebt stets im Strudel des Werdens, seine besten Verbündeten sind immer die flüchtigen Bilder des Tanzes: Symbolische Formen der Einheit aus Bewegung und Dauer, Übergang und Permanenz. Denn die Vorstellung von den Bildern als reine Fixierung, reine Ruhe ist ebenso irrig wie ihre Reduzierung auf reine Bewegung. Sie blühen auf, wenn die Achse der Dauer auf die Ebene der Bewegung projiziert wird. Gerade das macht sie lebendig, läßt sie unermüdlich den Pfad von unserem Blick zu unserem Herzen ablaufen. Jene Wegstrecke der Bilder des Tanzes, jene sinnverändernde Distanz verleiht ihnen ihre stimulierende Wirkung. Jene Schwierigkeit, die unseren Blick nicht auf eine plane Oberfläche prallen läßt, wo alle Fragen und Antworten schon in präziser Form festgeschrieben sind.
Der physikalischen Forschung ist die Definition einiger Modelle gelungen, die für jene

Strukturen oder Situationen stehen, in denen sich die Energie in bestimmten vorhersehbaren Momenten befindet. Schon in der ältesten Antike sprachen die Menschen von Netzen, Rastern, Strängen, d.h. von Strukturen. Sie taten dies in der Absicht, den Entstehungsprozeß der Welt zu verstehen bzw. zu beschreiben.
In seinem Werk „Skulptur im 20. Jahrhundert“ sagt Joachim Albrecht: [7]
„Das Ich, das im Zustand aufmerksamer Wachheit in der Gegend der Nasenwurzel lokalisiert werden kann, sinkt beim Tanz in den *Rumpf* hinab. Der Leib wird jetzt als einheitlich zentriert erlebt. Ein starkes Empfinden, lebendig zu sein, verdrängt die distanzierte, wollende und wissende Position gegenüber der gegenständlichen Welt. Tanzend bewegen wir uns in einem Raum, in dem Richtungsunterschiede verschwunden und alle Orte gleichwertig sind. Deshalb kann man den Charakter, der dem Raum des Tanzes eigen ist, als ‚homogen‘ bezeichnen.“
Weiter heißt es bei Albrecht:
„Diese Homogenität besitzt eine weitere Grundlage in dem besonderen räumlichen Modus akustischer Reize, welcher aus der phänomenalen Natur des Tones folgt. Diese hat zwei Seiten. Ein *Klang* kann zunächst auf seine Quelle oder seinen Urheber hinweisen. Dann enthält er eine Richtungsangabe. Zum anderen aber kann er sich ganz von seinem Ursprung lösen und zu einem unabhängigen Dasein gelangen. Dieser zweite Fall wird erst im musikalischen Werk vollständig erreicht. Die Töne erstrecken sich nicht (wie etwa Oberflächen) in irgendwelche verfolgbaren Richtungen, sie kommen vielmehr von überall auf uns zu, umfangen uns und schweben vorbei. Sie erfüllen und durchdringen den gesamten Raum, in dem sie erklingen, und im Erleben dieser gleichmäßigen Füllung finden wir eine räumliche Homogenität.“
Diese Beobachtungen führen Albrecht jedoch zu einer Folgerung, mit der John Cage oder Merce Cunningham niemals einverstanden waren. Die innere Konnexion von Musik und Tanz zeigt sich für Albrecht darin, daß die Musik die räumliche Struktur formt, in der sich der Tanz entfalten kann:
„Die Musik formt erst die Struktur des Räumlichen, in der die Tanzbewegung geschehen kann. Der optische Raum ist der Raum der gerichteten und gemessenen Zweckbewegung, der akustische Raum der Raum des Tanzes.“
John Cage dagegen sagt:
„Der Tanz teilt die Zeit auf andere Weise ein als die Musik ... die Musik schafft für die Tänzer nicht einen Rhythmus, sondern eine Atmosphäre. Es ist wie auf der Straße, wo die menschliche Aktivität nichts mit dem Lärm der Umgebung zu tun hat: der Tanz ist Bewegung, und die Bewegung braucht keinen Vorwand.“[8]
Der Raum des Tanzes ist nicht notwendigerweise an die Musik gebunden; wenn Albrecht ihn als akustischen Raum definiert, ergibt das keinen Sinn: der Raum des Tanzes ist ein tänzerischer Raum, nicht mehr und nicht weniger, und der Raum der Musik ist nicht mehr und nicht weniger als ein akustischer Raum. Die verfehlte Syntonisierung zweier unterschiedlicher Sphären der künstlerischen Praxis führt Albrecht unter Berufung auf Erwin Strauss zur Definition des definiens durch das definiendum:
„Die allseitig sich ausdehnende Tanzbewegung bleibt, solange sie dauert, ganz in der *Gegenwart* des Tanzenden. Räumlich ungerichtet und zeitlich unbegrenzt, schwillt sie an und ab, steigert sie sich und verebbt. Nicht die objektive Zeit, die Erschöpfung beendet den Tanz. In seiner anhaltenden, ungeteilten Bewegung ist der Tänzer dem natürlich fortlaufenden Geschehen enthoben. Er befindet sich in einem vom Klang erfüllten und durch die Bewegungseinheit homogenisierten Raum, den Strauss wegen seiner Gegenwärtigkeit ‚präsentisch‘ nennt.“
Hinter dieser petitio principii verbirgt sich die Wahrheit, daß der im Tanz geschaffene Raum weder der Raum der Physik noch der des Alltagsbetriebes ist, sondern eine künstlerische Schöpfung, deren Realisierung aufgrund der Wesensmerkmale des künstlerischen Tuns, das der Tanz ist, der Zeitlichkeit unterworfen ist. Der Tanz ist nicht ewig, wie Horaz von der Bronze sagte, sondern vergänglich. Die Gesetze, die seinen Ablauf und sein Wesen bestimmen, sind an eine Vergegenwärtigung gebunden, ebenso wie das Lesen eines Gedichts ein linearer Vorgang ist: der Raum, den der Mensch im Tanz hinterfragt, interpretiert und schafft, ist nicht der Raum einer Kathedrale,

sondern des Tanzes und hört mit dem Ende des Tanzes auf zu sein, wiewohl seine „Philosophie" als visuelle, ästhetische Zeremonie im Kopfe des Betrachters weiterleben kann. Ein Raum, der mit dem Körper und seiner Bewegung bzw. in seiner positiven Negativität, d.h. in den Intervallen zwischen Körpern, in ihrer Leere, entsteht.
Wenn seit den Griechen die Frage nach dem, was der Raum ist, nicht denkbar ist ohne die Gegenüberstellung mit dem Vollen, πλέον, und dem Leeren, κένον, so nimmt das Konzept der Leere in der zeitgenössischen Plastik und im Ballett eine zentrale Stellung ein. Leere ist jetzt nicht mehr die Leere Demokrits, bezeichnet nicht mehr ganz allgemein den Äther oder die Luft, sondern ist eine *lebendige Leere*, die von nicht geschaffenen Räumen dimensioniert wird und wie die Stille, die auf einen Akkord folgt, nichts gemein hat mit dem alltäglichen Begriff, den wir von ihr haben.
In diesem Sinne liegt auch dem Werk *Estigma* des Madrider Komponisten Gonzalo de Olavide die Idee von Stille als *tönender Stille* zugrunde, tönend insofern nämlich, als sie nicht leer ist, sondern „aktive Bestätigung eines tönenden Fließens, Ausdruck des Versunkenseins. In Konzeption und Struktur ist mein Werk eine immense bewohnbare Stille."
In der sogenannten klassischen Musik sind die Elemente der Stille an den Takt gebunden; wir wissen, wann sie eintreten, ja wir erwarten sie. In der zeitgenössischen Musik dagegen ist dafür kein Maß gegeben: die Stille überrascht uns. Die fehlende Strukturierung macht sie, die Stille, zum Beherrscher der Struktur: Jetzt nimmt die Musik ihren Ausgangspunkt in der Stille, während sie früher über sie verfügte, um sich ihren Motiven getreu zu entwickeln.
Auf der anderen Seite hat die europäische Musik in den letzten 50 Jahren Konzeptionen hervorgebracht, die den konkreten Raum als für die musikalische Konstruktion bedeutsamen Umstand begreifen. Der Mensch ist mit der Fähigkeit ausgestattet, den Raum, den uns jedes gehörte Klangzeichen vermittelt, geistig nachzuvollziehen. Die musikalische Komposition ist per se eine geistige „Architektur"; es handelt sich ja nicht nur darum, die Zeit zu gliedern, sondern sie zu füllen – oder zu „leeren", wie wir in Anspielung auf den Heideggerschen Krug sagen könnten –, und zwar entweder nach außen (Fassade) oder nach innen (Kirchenschiff). Nicht Architekten, sondern Städteplaner sind die heutigen Musiker.
Die Parallelisierung Stille – Leere, Stille in der Musik und Leere in der zeitgenössischen Bildhauerei, ist keinesfalls neu. Sie taucht bereits im griechischen Mythos auf, und die christlichen Gnostiker befaßten sich – wie wir später sehen werden – ausführlich mit der Unsagbarkeit der Stille des Abgrunds.
In der zeitgenössischen Lyrik wird erneut über Wert und Bedeutung des Schweigens nachgedacht: „Alles Schweigen besteht aus nicht gesagten Worten". Dieser von Marguerite Yourcenar ausgedrückte Gedanke findet sich ebenfalls bei dem spanischen Dichter José Angel Valente sowie dem Kritiker und Professor George Steiner. Im Grunde genommen bildet er das Substrat der Sprache der Mystiker. Die Erfahrung des Mystikers ist eine absolute und findet paradoxerweise in der Sprache ihren Niederschlag, weil sie eben in gewisser Weise eine Erfahrung ist, die mitgeteilt werden will. In der gleichen Spannung steht die zeitgenössische Plastik.
Paul Celan sagt: „Wahr spricht, wer Schatten spricht". Wahr ist nicht unbedingt das, was klar ist. Zwischen Schweigen und Reden steht der Mystiker, in jenem Zwischenraum, der weder Schweigen ist noch in der Sprache beheimatet ist und doch beiden Bereichen angehört: „Identisch mit der unsagbaren Leere, richtet sich die Erfahrung des Mystikers in der Sprache ein, indem er sie zwingt, das Unsagbare als solches zu sagen ... durch ein Sieb aus Feuer gegangen, ist die Sprache des Mystikers radikal bestimmt von ihren Inhalten oder von einer Erfahrung, deren letzter Inhalt Leere ist: Leere als Verneinung jeden Inhalts, der sich dem Zustand absoluter Transparenz, Empfänglichkeit oder Bereitschaft entgegensetzt, in dem die mystische Erfahrung möglich wird."[9]
In Valentes eigener Lyrik ist die Bedeutung des Schweigens unverkennbar: Schweigen ist hier das Rohmaterial, aus dem der Text geformt wird, und das Gedicht ist gleichsam der Raum des Schweigens. In diesem Bild tritt uns der zeitgenössische Bildhauer entgegen, für den das Kunstwerk ein Raum der Leere ist und diese das Rohmaterial der Plastik. Die künstle-

rische Erfahrung, die dahinter steht, ist eine Erfahrung von Grenzen und in gewisser Weise der Versuch ihrer Überschreitung, wie wir, zu anderer Zeit und auf sprachlicher Ebene, bei den Mystikern gesehen haben. In Valentes Essay über Miguel de Molinos sagt der Dichter: Es handelt sich um eine ,,Erfahrung an der Grenze der möglichen Erfahrung, denn sie ist zugleich Erfahrung von Grenzen und Zerstörung bzw. unendliche Öffnung derselben."
Der Dichter *tritt in das Schweigen,* wie George Steiner schreibt: ,,Gefangener des mit der Gewöhnlichkeit und Unbeständigkeit des menschlichen Lebens behafteten Wortes, bemächtigt sich der Mensch der Sprache und bricht aus dem großen Schweigen der Materie aus", oder, mit einem Bild von Ibsen: ,,Nachdem es mit Hammerschlägen bearbeitet worden war, hat das gefühllose Gestein zu singen begonnen." Meint Ibsen den Dichter oder den Bildhauer, das Schweigen der Materie oder die Leere des Wortes, die Leere der Materie oder das Schweigen des Wortes?
Im antiken Mythos wird der essentia prima als Vermählung von βυθός, dem Abgrund und τογή, der Stille dargestellt. Der Terminus *bythos* fand rasche Aufnahme bei den valentinischen Gnostikern. Außer von den christlichen Gnostikern wurde der Begriff, mit eindeutig technischem Inhalt, von den kaldäischen Orakeln und den von ihnen beeinflußten Neuplatonikern wie Jamblichus und Damascius benutzt. Neben *bythos* greifen die Gnostiker das gleichbedeutende *bathos* auf. Die Vokabel begegnet uns schon in dem Brief des Paulus an die Epheser (3,18): „Damit ihr wie die Heiligen verstehen lernt, was Breite und Länge und Höhe und Tiefe *(bathos)* sind."
Zu den Begriffen *bythos* und *bathos* gesellten sich im Lauf der Zeit weitere bedeutungsgleiche Begriffe, wie etwa *abyssus,* die zu einer Nuancierung der Grundbedeutung führten. Bei den Valentiniern ist *bythos,* der Abgrund, der Gemahl von *sigé,* dem Schweigen: Gott ist ein Abgrund in Schweigen – der Abgrund des silentio mystico, der aus der Sprache unserer großen Dichter spricht. Das Schweigen des Abgrunds wird Pascal ,,le silence étérnel de ces espaces infinis" nennen, und in einer Metapher bei Dupuis ist es ,,der tödliche Schlummer, der die Tätigkeit der Seele im Schatten des Chaos in Ketten legt... ein einzelner Strahl, der im Schoße des Chaos aufleuchtet." Serenus Zeitblom aus Thomas Manns ,,Doktor Faustus" spricht von den ,,Gottheiten der Tiefe".
Paul Celan beruft sich in seinem *Gespräch im Gebirg* – der Aufstieg im Gebirge ist gleichsam die Vorstufe der tödlichen Einsamkeit – auf Büchners gequälten Lenz, den einzig und allein stört, daß er nicht mit dem Kopf nach unten gehen kann: ,,Wer auf dem Kopf geht, meine Damen und Herren", bestätigt Celan, ,,der hat den *Himmel als Abgrund* unter sich." Celan hat mit diesem Bild das Paradoxe mit poetischer Präzision eingefangen: Wer auf dem Kopf geht, löst die Sinnlosigkeit im Absurden auf.
In den *Holzwegen* sagt Heidegger: ,,Im Weltalter der Weltnacht muß der Abgrund der Welt erfahren und ausgestanden werden." Cesare Pavese schreibt in *Il mestiere di vivere* etwas Ähnliches: ,,Der einzige Weg, vor dem Abgrund zu fliehen, ist ihn anzublicken und auszumessen und zu ergründen und in ihn hinabzusteigen."[10]
Aber täuschen wir uns nicht: Der Mensch hat keinen Grund, vor solchem Schweigen zu erstarren, ist er doch in den Mauern seines Gotteshauses eingeschlossen und nicht auf weitem küstenlosem Meer, ohne Grenze und ohne Rahmen, verloren. C.S. Lewis führt das moderne Raumkonzept auf Giordano Bruno zurück und entdeckt es in der englischen Lyrik, als Milton den Mond als Reiter auftreten läßt:[11]
Wie jemand, der in die Irre geleitet worden ist
auf der weiten pfadlosen Flur des Himmels.
Auch zitiert Lewis ein originelles Bild aus Miltons *Paradise Lost,* mit dem der Verfasser die antike Vorstellung einer im Schöpfungsakt geborenen und endlichen Welt mit einer neuen Raumkonzeption zu verbinden sucht: Der Kosmos ist am Boden des Himmels aufgehängt und stellt sich als lichtbeglänzte Kugel dar, außerhalb derer der ,,unendliche Abgrund" gähnt. Meinte Milton die ,,schwarzen Löcher", Objekt der astronomischen Forschung, wenn er sagt: ,,die nicht wesentliche Nacht", in der sich ,,Länge, Breite, Höhe, Zeit und Raum verlieren"? Diese und andere Sätze Miltons, wie etwa ,,der Raum vermag neue Welten hervorzubringen", veranlassen Lewis, in ihm den ersten Schriftsteller zu sehen, der das Wort

„Raum" in gänzlich modernem Sinne gebraucht. In der Sprache werden alte Vorstellungen wachgehalten; so lebt in der Präpositionalkonstruktion „am Himmel" noch die mittelalterliche Vorstellung, daß unsere Welt am Himmel „hängt".

Die Leere ist bei Heidegger etwas Positives. In *Die Kunst und der Raum* heißt es:

„Und was würde aus der Leere des Raumes? Oft genug erscheint sie nur als ein Mangel. Die Leere gilt dann als das Fehlen einer Ausfüllung von Hohl- und Zwischenräume.

Vermutlich ist jedoch die Leere gerade mit dem Eigentümlichen des Ortes verschwistert und darum kein Fehlen, sondern ein Hervorbringen. ... Die Leere ist nicht nichts. Sie ist auch kein Mangel. In der plastischen Verkörperung spielt die Leere in der Weise des suchend-entwerfenden Stiftens von Orten."

Die Heideggerschen Grundgedanken zu der Leere finden sich in einem Vortrag Heideggers aus dem Jahre 1950 mit dem Titel *Das Ding*. Hier fragt Heidegger nach dem Wesen der Kanne, des Kruges: Die Kanne oder der Krug ist ein Gefäß, das in seinem Innern Flüssigkeit aufnehmen kann; demnach ist es weder das Innere noch die Undurchlässigkeit des Kruges, die sein Wesen ausmachen, sondern er verdankt dieses der Leere, diesem „Nichts am Krug", das erst ihn zum Gefäß macht.

„Platz machen" auf Griechisch heißt λωρειν. Der Ausdruck ist in doppeltem Sinne zu verstehen. Einmal bedeutet er „sich zurückziehen", das heißt machen in der Art des Anakoreth. Zum anderen bedeutet er „enthalten", das heißt Platz machen in sich. Mit Sicherheit hatte Heidegger dieses griechische Verbum mit seiner doppelten Bedeutung im Sinn, als er von Krug und Wasser sprach.

Χωριζω bedeutet „trennen", das heißt Platz machen und Χωρας „getrennt", das heißt „ausgehend von".

Nicht weil er gemacht wurde, ist der Krug ein Gefäß, sagt Heidegger, sondern umgekehrt: er mußte gemacht werden, weil er dieses Gefäß ist. Ein ähnliches Schiasma findet sich in *Bauen–Wohnen–Denken* auf eine Brücke bezogen:

„So kommt denn die Brücke nicht erst an einen Ort hin zu stehen, sondern vor der Brücke selbst her entsteht erst ein Ort." Entsprechend besteht die Tätigkeit des Töpfers darin, mittels des Tones die Leere zu fassen, ihr Form zu verleihen – wie Lao Tse sagt: „Die Dinglichkeit des Gefäßes beruht keinesfalls auf der Materie, aus der es gemacht ist, sondern auf der Leere als potentiell enthaltender."

Wie wird die Physik die Heideggerschen Analysen beurteilen? Sie wird sie als halbpoetische Betrachtungen abtun: Das Gefäß ist nicht leer, sondern mit Luft gefüllt; wenn ich Wein in den Krug gieße, so füllt der Wein keine Leere, sondern verdrängt die Luflt; ein Volles folgt auf das andere. Diese und andere physikalische Ausführungen sind zweifellos zutreffend, und trotzdem ist die Physik weit davon entfernt, uns die Wirklichkeit eines Dings zu vermitteln, ja sie zerstört sie, sie „reduziert" den Weinkrug auf einen mit Flüssigkeit gefüllten und den leeren Krug auf einen luftgefüllten Raum. In der Physik ist auch nicht die Rede von der Leere, die uns in unserem eigenen Zuhause befallen kann (mangelnde Atmosphäre, aufgeladene Familienatmosphäre), die wir als beladene, positive Leere erleben. Wenn sie sich zum ersten Mal allein in einer Wohnung einrichten, spüren viele Paare den noch ungestalteten, noch beziehungslosen inneren Raum der Wohnung auf sich lasten (was Einzelne oder sogar das Paar als Ganzes nieder-drücken, deprimieren kann); später wird ein referentielles, ein Beziehungsnetz entstehen, der Raum wird eingenommen, bewohnt.

Eine Ausstellung von Bildern eines Künstlers vorzubereiten bedeutet, es mit dem Raum der Ausstellungshalle oder des Museums zu tun zu haben (der ja mit ganz bestimmten Bezugsmomenten, Akzidenzien und Charakteristika befrachtet ist), ist ein Sich-Einlassen in und auf diese Bezugsmomente, Akzidenzien, Charakteristika usw. und somit ein Kämpfen und (Sich-) Ein-passen in diesen Raum, in diese beladene Leere.

In der Einleitung einer Reportage über Malerwerkstätten sagt Luis Gordillo, die Künstlerwerkstatt sei „auf der einen Seite eine Anhäufung von Erinnerung: ein Lager von Bildern früherer Schaffensperioden, Zeitschriften, Büchern, Fotos, die sich um den Künstler als Mittelpunkt drehen. Auf der anderen Seite ist da *Raum*, reiner Raum, jener zweite Körper, in dem, gleich Projektionen einer Wunderlampe, die Träume, die geistigen Dinge und nervösen Kurzschlüsse Gestalt annehmen."

Als die Psychoanalyse jene Therapie entwikkelte, die auf der Analyse der laut geäußerten Gedanken des Patienten gründet, machte sie sich den Wert der *im Raum,* an dem vom menschlichen Willen und seiner Beziehung zum Mitmenschen gegründeten Ort erkannten Sprache zunutze: das Wort gewinnt seinen Wert im Satzzusammenhang, im Kontext, *an dem Ort,* an dem es gesprochen wird.

Bei Heidegger wird der Krug eben durch seine Leere zum Gefäß, nämlich dadurch, daß die Leere, was sich in sie ergießt, einerseits aufnimmt und aufbewahrt, „zuläßt" und „einrichtet", wie Heidegger sagen würde, und andererseits ausschenkt, das heißt schenkt. Und ein Weg wird eben dadurch zum Weg, daß der, der ihn geht, nicht immer auf derselben Stelle verweilt oder, in den Worten Antonio Machados: „Der Weg entsteht im Gehen". Ausschlaggebend sind die Bewegung und die Relation von Vorher und Nachher im Kontext der Bewegung; ein Gedanke wird aus dem Fluß des Denkens geboren, also nicht aus etwas Statischem, sondern aus etwas, das in ständiger Veränderung begriffen ist.

Wenn wir vom Raum sprechen, so könnten wir die Termini, über die wir in den verschiedenen Sprachen zu seiner Benennung und Bezeichnung verfügen, untersuchen (Gegend, Ort, im Baskischen *toki, leku*). Interessanter noch wäre eine Analyse der Ortsadverbien, der Präpositionen und der Namen, die die verschiedenen Ballettschritte (entrechat, glissement...) oder auch die verschiedenen Schrittfolgen erhalten haben. Bezeichnend im Hinblick auf Kenntnis und Beherrschung eines gewissermaßen nicht-euklidischen Raumes ist die Geringschätzung, die in den modernen Sprachen dem Schattierungsreichtum und dem speziellen Wert der Präposition zuteil geworden ist. Bezeichnend auch die geringe Beachtung, welche die Philologie etwa der Verwandschaft von griechisch *hyper* und *hypo* und lateinisch *super* und *subter,* das heißt von oben nach unten, geschenkt hat. Auch in der baskischen Sprache wird *be* = unten oft zur Bezeichnung hoher Berge, also äquivalent zu *go* = oben verwendet. Warum nennen wir im Lateinischen beides, das Tiefe und das Hohe, *altum*?

Wie kann uns eine einfache Linie an verschiedene Orte „versetzen"? Die Antwort finden wir in einer lustigen Zeichnung Saul Steinbergs: eine Linie wird vom Boden zur Decke, vom Horizont zur Tischkante usw. gezogen und variiert mit Hilfe der Werte, die um sie herum entstehen und um sie kreisen, belebt den Raum.

Im antiken Denken entspricht der Ort einer Sache ihren wesentlichen Eigenschaften. Den vier Elementen sind aufgrund ihrer innersten Eigenschaften ihre Plätze zugewiesen. Der Ort ist demnach aufs Engste mit dem Wesen der an ihm befindlichen Sache verbunden. Nur so wird verständlich, warum im Baskischen der Ort eine gewisse Individualität hat: *etxebarúan* würde mit der wörtlichen Übersetzung heißen *„im* Innern des Hauses". Der Tänzer weiß intuitiv *um „das Innen",* d.h. um den Ort, den die Dinge sind und den wir neben und mit den Dingen sind. Oder in der Sprache Heideggers: die Brücke, die alte Brücke in Heidelberg nimmt nicht ihren Platz an einem bestimmten Ort ein, sondern läßt diesen Ort erst vor sich entstehen; sie selbst ist der Ort, der einen Raum mit seinen Fernen und Nähen hervorbringt. Bei Heidegger beziehen die Räume ihr Wesen aus den Orten und nicht von „dem" Raum, und nur, was vorher Ort war, läßt eine „Ortschaft" zu, die Dinge, die Orte sind, lassen eine „Ortschaft" zu und eröffnen solcherart Räume.

Sehr schön kommt dies in Wim Wenders Film *Der Stand der Dinge* zum Ausdruck: Geschichten werden mit Mauern gemacht wie Räume, und manchmal reicht die Mauer zwischen den Menschen bis zur Decke.

C.S. Lewis bemerkt:

„Nach der Interpretation von Verity vertrieb Gott den Abfall von der Erdkugel, indem er ihn „in die Tiefe" stürzte, ins Chaos, welches bei Milton an bestimmten Stellen ein absolutes Oben und Unten ist."

Hesses *Steppenwolf* ist da anderer Ansicht:[12]

„Wenn ich sage ‚Oben' oder ‚Unten', so ist das ja schon eine Behauptung, welche Erklärung fordert, denn ein Oben und Unten gibt es nur im Denken, nur in der Abstraktion."

Die Konzepte „oben" und „unten" sind für Drieu de la Rochelle antike Überreste, die die Sprache noch mit sich schleppt:[13]

„Das wußte ich sehr gut und muß auch etwas darüber geschrieben haben: ich war überzeugt, daß eine abrupte und theatralische Geste alles war, was ich tun konnte in Bezug auf das Jenseits oder, besser gesagt, das Diesseitige (noch immer die trügerische Sprache der elementaren Mythologien: dort oben, hier unten...)".

Gibt es noch ein Oben und Unten? Dies fragt Nietzsches Wahnsinniger in der *Fröhlichen Wissenschaft:*[14]

„Wohin bewegen wir uns? Fort von allen Sonnen? Stürzen wir nicht fortwährend? Und rückwärts, seitwärts, vorwärts nach allen Seiten? Gibt es noch ein Oben und ein Unten? Irren wir nicht wie durch ein unendliches Nichts? Haucht uns nicht der leere Raum an?"

Und Robert Musils *Der Mann ohne Eigenschaften* kommt zu dem Schluß:

„Die Zeit bewegte sich. Leute, die damals noch nicht gelebt haben, werden es nicht glauben wollen, aber schon damals bewegte sich die Zeit so schnell wie ein Reitkamel; und nicht erst heute. Man wußte bloß nicht, wohin. Man konnte auch nicht recht unterscheiden, was oben und unten war, was vor und zurück ging."[15]

Diese Aufhebung der Koordinaten, erst in den Rondos und der immer wiederkehrenden Kreisbewegung der rituellen Tänze, dann in dem mitreißenden Bild des Sprungs, des Aufstiegs, der luftigen Parabel, die Ikarus zum Feuervogel werden läßt, gehört untrennbar zum Wesen des Tanzes. Der gleichgewichtsgefährdende Schwindel, die Neigung, die jeglicher perspektivischer Gewohnheit zuwiderläuft, das in voller Bewußtheit der Leere des Bühnenraums vertrauensvolle Sich-Erheben des Springenden, der Balanceakt in den Armen des anderen bis hin zur völligen Umkehrung unserer visuellen Ordnung: im Tanz und durch den Tanz entstehen ein Raum und eine Vision, die uns weder aus der täglichen Praxis noch aus der Bildhauerei vertraut sind. Und es ist die Rede vom Tänzer, nicht vom Akrobaten, denn das Anliegen des letzteren ist nicht, einen Raum zu schaffen, sondern die Schwierigkeit vorzuführen, gegen die der Mensch zu kämpfen hat, wenn er, der vorgegebenen Norm zum Trotz, sich selbst und die euklidischen Gesetze über-steigen will. Wohl bedient sich der Tänzer des Akrobatischen, aber dies geschieht ganz selbstverständlich, ohne daß etwas, das rein adjektivische Funktion hat, zum Hauptgegenstand der Aufmerksamkeit gemacht würde; ihm geht es um Abstrakteres. Die kinetischen Strukturen des Tanzes sind in allen Kulturen ähnlich. Dies gilt vor allem für den zentralen Teil des menschlichen Körpers, den Torso. Vom einfachen Gehen zum Sprung vollzieht sich ein Mehr an Bewegung, das nicht nur die Extremitäten, sondern den ganzen Rumpf, den menschlichen Torso ergreift. Der Rumpf ist im Tanz keineswegs ein passiver Teil des Körpers, sondern beherrscht sowohl den Ablauf der Bewegung als auch den umgebenden Raum. Im Gegensatz zu der alltäglichen Bewegung strebt der Körper im Tanz danach, sich in Sprüngen zu verlängern, in Pirouetten aufzulösen und in Schritten als Statue zu erscheinen, wobei jede Bewegung keinen anderen Zweck verfolgt als sich selbst. Der geordnete Raum des täglichen Lebens verschwindet: die Axialorientierung und ihre Richtungen wirken wie erst vom Körper des Tänzers erschaffen. Erschaffen von einem Körper, der seine eigenen Normen und Gesetze in den Wind zu schlagen scheint.

Ist der Raum des Tanzes ein Raum nach oben oder nach vorn? Oder gibt es auch ein Unten und ein Hinten? Wie wird Tanz re-präsentiert, strukturiert, gelebt und gedacht? Diese Fragen hat jede Epoche, jede Kultur, jede soziale Gruppe auf ihre Art beantwortet. Antworten, die jeweils ausgingen von einer Art, das Leben zu sehen und zu leben, von sich in Bildern und Tänzen spiegelnden Formen, die uns in gewisser Weise noch geblieben sind.

Das Problem, dem wir nachgehen wollen, ist, unabhängig davon, daß es einigen näherliegt als anderen, keineswegs abstrakt. Vielmehr geht es um etwas sehr Konkretes: um das Verhältnis des Menschen zu dem Raum, in dem er sich bewegt bzw. zu den Räumen, *die* er schafft; zu ihnen zählt der künstlerische Raum, in dem seine Symbole und Mythen, seine Gebete, Lebensäußerungen und Ideologien erstehen und Gestalt annehmen.

Im künstlerischen Raum des Tanzes können wir zwei Ebenen unterscheiden:

– die Strukturationsebene, auf der der Tanz ausgeführt wird und sich die Beziehungen

von Tänzer und teilnehmendem Nicht-Tänzer, von Tänzer und Zuschauer entwickeln,
- die Ebene der (Re-)präsentation, wo der Raum in einer bestimmten Weise hinterfragt wird.

Was die Strukturationsebene betrifft, so kennen wir zwei typische Realisationsformen: zum einen die Volkstänze, die im allgemeinen auf dem Dorfplatz, in einer Festtagsgemeinschaft von ausführenden und zuschauenden Dorfbewohnern stattfinden und zum anderen die in einem eigens hierfür bestimmten Ort zur Aufführung gelangenden Balletttheater, wobei der Ort radikal zweigeteilt ist in Szenarium und Zuschauerraum und dieser wiederum nach den Gesetzen der sozialen Hierarchie gegliedert ist: Parkett, Loge usw. sind mit eigenem Foyer, einer Art Gegenbühne für das Gesellschaftstheater, ausgestattet, und in beinahe himmlischen Höhen haben wir die mit den paradoxen Namen „Paradies“, „Olymp“ oder „Hühnerstall“ bedachten oberen Ränge.

Diese bis heute erhaltene, über das Binom Bühnen–Zuschauerraum hinausgehende hierarchische Strukturierung geht im wesentlichen auf das 19. Jahrhundert zurück. Sie beherrscht neben dem der Kunst geweihten Tempel, der Oper, auch die beiden anderen Tempel des 19. Jahrhunderts, den der Technik und den des Geldes, Bahnhof und Börse: Auch hier sind Akteure und Publikum, Makler und Käufer, Bahnsteig und Gleis mit den verschiedenen Wagenklassen strikt getrennt. Der Bau der verschiedenen Tempel vollzog sich praktisch parallel: die Oper, die Börse und der Bahnhof St. Lazaire in Paris entstanden fast gleichzeitig. Der Bau von Richard Wagners Festspielhaus in Bayreuth war ein erster Versuch, die Hierarchie des Zuschauerraumes zu überwinden und zur einfachen Zweiteilung der klassischen Antike – Bühne und Zuschauerraum ohne weitere Differenzierung – zurückzukehren, ein Beispiel, das keine Schule machte. Der Bühnenraum allerdings bleibt weiter über jede (In-)Fragestellung erhaben, bis im 20. Jahrhundert ein Schweizer, Appia, ausgerechnet in einer Wagner-Choreographie die Raumproblematik auch hier einbrechen läßt.

Dies ist keine soziologische Studie; nicht der Raum von Ballett und Tanz in ihrer Eigenschaft als soziale Ereignisse, nicht eigentlich die Ebene der räumlichen Strukturierung, auf der sich das künstlerische Phänomen Tanz vollzieht, interessiert uns, sondern die Ebene der Repräsentation, der Raum des Tanzes selbst, der vom Tanz hinterfragt bzw. geschaffen wird. Das heißt, der mit der Bewegung des Körpers und mit der Bewegung der sich bewegenden Körper zu schaffende, zu dynamisierende Raum, jene Leere des Dorfplatzes oder der Bühne, auf der etwas wächst, erscheint. Wir bereiten eine Bühne vor, einen Ort zum Tanzen, bestimmen einen Ort, *aber im leeren Raum entsteht der Tanz.*

Krug wie Bühne sind im Heideggerschen Sinn Gefäße, die dazu bestimmt sind, etwas in sich aufzunehmen. Und wie der Krug erst durch sein „Nichts“ zum Krug wird, wie die Brücke einen Ort nicht bereits vorfindet, sondern erst zum Erscheinen bringt, ist der Raum des Tanzes nicht der der Bühne, sondern jene Leere der Bühne oder des Dorfplatzes, die empfängt, was der Tanz gleichsam in sie gießt: Bewegung und Nicht-Bewegung, von Körpern gezeichneter und durchbrochener Raum, Raum und Nicht-Raum zwischen Körpern, denn Tanz ist mehr als Körper: er ist plastische Inter-relation von Bewegungen, und auch und gerade in der Abwesenheit von Form finden wir die perfekte Form ihrer Präsenz.

Oskar Schlemmer „Die Geste oder die Tänzerin“

Die perfekte Präsenz erscheint uns in Balanchines desintegriertem oder besser in die drei Musen Terpsichore, Polymnia und Kalliope integriertem Apoll: eine Gemeinschaft von Körpern in Bewegung. In einem großen Ölgemälde Oskar Schlemmers mit dem Titel *Die Geste oder die Tänzerin* erscheint uns die Aura der Präsenz in einem mehr als dreidimensionalen Raum, in dem die Tänzerin, die bewegliche Ebene der Bühne betretend, sich ins Grau des Hintergrunds verlierend, in blaues Licht getaucht, eine Art Glühbirne aus der Strahlung des in ihrer Drehung erzeugten Raumes entfaltet.

Unsere Untersuchung kreist also um den Raum, der sich im Tanz verwirklicht um den Raum des Tanzes. Wir wollen dabei über diesen Raum an sich hinausgehen und ihn „in Szene gesetzt" auf der Bühne betrachten, in dem Moment also, in dem er jenem zweiten Körper, in dem er sich materialisiert, eingepaßt ist, von ihm umfaßt wird.

Der Bühnenraum ist auch ein Raum der Strukturierung aber zugleich der Repräsentation. In ihm erscheint der menschliche Körper und dynamisiert die Leere. Aber der Bühnenraum ist auch ein Raum der Strukturierung, und hier spielt die Dekoration eine tragende Rolle. Sie vermag uns an einen bestimmten Ort zu versetzen oder ihn einfach zu suggerieren, ds heißt den Tanz ins Theater zu bringen bzw. ihm einen kreativen Raum zu eröffnen. Betrachten wir drei Beispiele:

1. Die Zeichnung William Chappells für die *Coppelia* von Ninette de Valois, von Sergeyew nach Petipa rekonstruiert. Diese Dekoration gleicht in gewisser Weise den Dekorationen, die der baskische Maler Ucelay für die Ballettgruppe Eresoinka geschaffen hat. Es ist eine Ortsdekoration.
2. Auch die Uraufführung der *Dantesonate* zur Musik von Liszt in der Choreographie Frederic Ashtons. In großer Reinheit von Linien und Farben und sparsam mit Effekten will die Dekoration der Federovisch keine Ortsbestimmung sein, sondern Voraussetzungen schaffen, die den Tanz und das einfache und perfekte Verständnis der Bewegungen ermöglichen.
3. Ein Beispiel von größerer Strenge und Einfachheit: die Dekoration, die Raul Domenic Geissbühler für die *Verklärte Nacht* von Schönberg für das Basler Ballett in der Choreographie von Heinz Spoerli schuf. Eine weiße und eine schwarze Fläche und weiße Punkte lassen sich den Tanz in voller Reinheit frei von jedem theatralischen Beiwerk entfalten.

Es besteht eine klare Antinomie zwischen dem szenischen Raum im Theater und im Ballett. Während der Raum des Theaters stabil ist, ist der Raum im Ballett dynamisch-beweglich; Auseinandersetzung mit Kräften in Bewegung im einen, Re-Installation einer dramatischen Handlung im anderen Fall; ein Ort, der im Theater wie ein Areal ist, wird im Ballett zum Magnetfeld: der Raum beginnt zu existieren, wenn der Tänzer ihn mit seiner Bewegung baut.

Werfen wir einen Blick auf die Geschichte, das heißt auf einige Beispiele aus der Geschichte des Balletts und insbesondere auf jene Formen, die geschichtlich am besten kodifiziert sind.

Das Ballett als autonomes Spektakel auf der europäischen Bühne geht auf das Ende des 17. Jahrhunderts zurück. 1661 gründete Ludwig XIV. die Akademie des Tanzes. 1674 zählte das Ensemble, für das Lully seine lyrischen Tragödien schrieb, mindestens 25 festangestellte Tänzer. Aber die eigentlichen Urheber des vom Theater vollständig emanzipierten Balletts sind Jean Berain und Pierre Beauchamp, Bühnenbildner und Dekorateure des Balletts *Triumph der Liebe* von Benserade und Quinault, das 1681 zur Musik von Lully in St. Germain en Laye uraufgeführt wurde und in einem Stich François Chaureaus verewigt ist. Dieses Stück ist gewissermaßen die erste Lebensäußerung, die das Ballett als eigene Welt, als Gattung, tat. Beauchamp legte die fünf Variationen des klassischen Tanzes fest und besetzte die weiblichen Rollen im *Triumph der Liebe* mit vier Frauen (Lafontaine, Lapeintre, Roland und Fernon). Dies war ein Verstoß gegen die Tradition, nach der die weiblichen Rollen von maskierten Travestiten getanzt wurden, welche nicht durch Gesichtsausdruck – wie etwa im heutigen Tanztheater – sondern allein durch die Bewegung ihrer Körper nicht so sehr das weibliche Geschlecht als vielmehr Göttinnen, Nymphen und dergleichen verkörpern sollten. Die Kostüme und Masken der

Travestiten sollten den Zuschauer aus der Bühnenwirklichkeit in eine andere, mythische Welt versetzen. Neben dem Choreographen Pierre Beauchamp übte der Bühnenbildner Jean Berain großen Einfluß auf die Gestaltung des plastischen Raumes dieses frisch aus der Taufe gehobenen Tanzballetts aus. Seit 1674 schuf Berain die Dekorationen und Kostüme für die Ballette, Opern, Schauspiele und Zeremonien am Hof Ludwigs XIV. und erfand verschiedene Bühnenmaschinerien. Seine Kunst – weniger üppig als die der Italiener und nach dem Vorbild der „Fête versaillaise" – erlaubte der Phantasie, der Übertreibung des Kunstwerks zu folgen. Die wilde Natur machte den Weg frei für die Konstruktion des Geistes, die den einfachen Symbolismus der florentinischen Intermezzi weit hinter sich ließen.

Berain träumte von einem „Land der Oper", einem imaginären Ort voller Säulen und Statuen, einer Art von mit allen Reichtümern überhäuftem Palast innerhalb eines in eine „Traumarchitektur" verwandelten Szenariums, in dem sich die Personen in visonär-barockem Stil aufgemachten Kostümen de-plazierten (der Ausdruck ist hier angebracht, denn ihren Ort fanden diese Personen nie).

Berains Bühnenarchitektur mit „abyme"-Perspektive ist in gewissem Sinn noch dem Theaterballett und der Oper verhaftet.

Die Prinzipien Berains bildeten auch die Grundlage des gesamten klassischen russischen Balletts im ausgehenden 19. Jahrhundert, das heißt der großen Werke Tschaikowskys. Ihm, der sein ganzes Leben lang allein war, verdanken wir die besten pas de deux. Drei stammen aus dem *Schwanensee,* wobei der dritte aus dem dritten Akt später in unübertrefflicher Weise von Balanchine choreographiert wurde; vier aus dem *Dornröschen* und zwei aus dem *Nußknacker.*

Das Werk Tschaikowskys ist aufs engste mit der Choreographie Marius Petipas verbunden, jenes Meisters des Tanzes am russischen Hof, der dem Komponisten tyrannisch seine Vorstellungen aufzwang. In jedem Fall ist das Werk Tschaikowsky–Petipa die Basis des klassischen Balletts und eines bestimmten Inszenierungstypus, der die Bewegung der Solotänzer mit der des Ballettkorps und der pas de deux in einer vollkommen symmetrischen und ausbalancierten Dynamisierung des Bühnenraumes verbindet.

In diesem russischen Garten treibt auch ein italienischer Zweig seine Blüten: Maestro Cecchetti unterstreicht die Bedeutung, die dem oberen Teil des Körpers innerhalb der Bewegung zukommt, legt verstärkte Betonung auf den port de bras und bewirkt so eine Koordinierung der Bewegungen von Kopf und Armen, die Entwicklung des épaulements.

In Europa findet diese in Rußland von Petipa und Cecchetti entwickelte und in der Musik Tschaikowskys durch Leonides Massine[16], seine Choreographie, seinen Unterricht und seinen Einfluß auf andere Maestros wie die Nijinska, Ninette de Valois oder Frederic Ashton Verbreitung.

Zu Beginn unseres Jahrhunderts vollzieht sich die Erneuerung der Ballettwelt, der russischen Tradition Petipa–Cecchetti, in drei Schritten. Da ist zum einen die Hinterfragung des Strukturationsortes der künstlerischen Äußerung schlechthin seitens des Schweizers Appia; die Gegenofferte an Akademismus und Körperzucht des klassischen Balletts in Gestalt der Isadora Duncan und zum anderen die dialektische Überwindung des klassischen Balletts mit den Mitteln der Tradition, die Strawinsky und Balanchine auf den Gebieten Choreographie und Musik, aber in perfektem gegenseitigen Einverständnis durchführten, im Anfang gestützt auf das Mäzenatentum, die Arbeit und Diktatur einer der Schlüsselfiguren in der Entwicklung der bildenden Künste, die schwierige Persönlichkeit Serghei Diaghilews.

Maurice Béjart sagt:

„Zu Beginn des Jahrhunderts entzündete Diaghilew mit dem Russischen Ballett das Feuerwerk des *Feuervogels,* ein paar Jahre später, die Bombe des *Sacre,* mit dem eine neue Ära für den Tanz begann. Strawinsky war gewiß der erste und bedeutendste Schöpfer dieser Revolution."

Das *Sacre de Printemps* wurde am 29. Mai 1913 im Theater der Champs Elysées uraufgeführt. Die Choreographie stammte von Vaslaw Nijinsky, jenem Genie des Tanzes des 20. Jahrhunderts, den das Schicksal frühzeitig dem Raum des Tanzes entriß und in den geschlossenen Raum der Anstalt zwang. *Sacre* war seine einzige Choreographie zur Musik von Stra-

George Balanchine „Apollon Mussagète"

winsky, mit dem er die Partitur in allen Einzelheiten durchging. Sein Meisterwerk war zweifelsohne der *Nachmittag eines Fauns* von Debussy, in dem der Raum durch die konsequent im Profil durchgeführte Darstellung die Zweidimensionalität eines ägyptischen Reliefs annimmt.

1924 nahm Diaghilew George Balanchine in die Ballets Russes auf und ernannte ihn 1925 zum Maestro. In den vier folgenden Jahren entstanden vierzehn Choreographien, unter ihnen der *Apollon Mussagète*, der den Neoklassizismus, die Befreiung des Balletts von der literarischen Anekdote einleitet und den Tanz der Plastik, einer mathematisch exakten Architektur zuführt. Wenn der Komponist Zeit schafft, so ist es nach Balanchine Aufgabe des Choreographen, diese im Raum zu ordnen.

Der Name Balanchines und seine Choreographien sind mit den großen Künstlern des 20. Jahrhunderts verbunden. Zu seinen Werken zählen der *Verlorene Sohn* Prokofjews mit Dekorationen von George Roualt, Strawinskys *Gesang der Nachtigall* mit Matisse, Eric Saties *Jack in the box* mit André Dérain und der *Barabú* von Vittorio Rietri mit Maurice Utrillo.

1935 gründete er das American Ballet und 1948 das New York City Ballet und schuf eine Schule reinen Balletts und einer in höchstem Grade der Musik, nie aber der Literatur unterworfenen Choreographie.

Sein Werk hat Schlüsselfunktion im Ballett des 20. Jahrhunderts, in jenem Ballett, das nach dem reinen Wesen des Raumes sucht.

Auch die zwanziger Jahre brachten eine Gegenofferte an das klassische Ballett in „Gestalt" zweier Frauen, Ida Rubinstein und im wesentlichen Isadora Duncan. Die Duncan schuf eine Art des Tanzes, die den Körper nicht den Maßen und Schritten einer vorgegebenen, gelernten Technik unterwarf, sondern versuchte, aus ihm ein Instrument zu machen, das die innere Emotionalität und Sensibilität des Tänzers zum Ausdruck bringen sollte. Sie ging davon aus, daß nur ein in seinen Bewegungen freier, nicht unterdrückter Körper sich mit natürlicher Harmonie zu bewegen, nur ein freier Körper seinen eigenen Impulsen folgend zu tanzen vermag. Tanz sollte Ausdruck des Psychischen und Emotionalen sein, sichtbare äußere Bewegung innerer Regung. Die Duncan machte den Weg für den Ausdruckstanz frei, aber der Raum ihres Tanzes bleibt der Oberfläche, der euklidschen Geometrie verhaftet; die Füße bleiben gewissermaßen auf dem Boden.

Der Körper war nicht mehr Mittel, Instrument zum Zweck der erzählerischen Darstellung oder der abstrakten Interpretation von Musik, sondern als solcher Zentrum des Interesses. Die Emanzipation des Tanzes ging bei der Duncan vom individuellen Körper aus. Gegenüber der Körperbeherrschung im klassischen

Ballett oder der Schaffung von Raum mittels perfekt beherrschter Körper bei Balanchine unterstrich die Duncan die souveräne Herrschaft des Körpers im Tanz. Hier lag ihr Glanz und zugleich ihre Grenze.

Der wirkliche Erneuerer des Strukturationsraumes, des Raumes, in dem der Tanz stattfindet, war der Schweizer Adolphe Appia, vor allem in seiner Arbeit mit seinem Landsmann Jacques Dalcroze.

1910 baute der Architekt Wolf Harald Dohrn das Institutsgebäude Dalcroze in Hellerau, das neben dem Theater gymnastische Übungsräume, in Art einer kleinen Gartenstadt beherbergte. 1911 gab es die ersten Aufführungen in diesen von Appia geschaffenen „rhythmischen Räumen", wo mit Treppen, Mauern und Plattformen Licht und Schatten den Raum schufen.

Appias Absicht war, die Antinomie von Bühne und hierarchisch gegliedertem Zuschauerraum zu brechen, indem er alle auf die gleiche Stufe stellte. In den Worten Paul Claudels: „Hellerau ist weder ein Salon noch ein Tempel wie Bayreuth, sondern eine Werkstatt geworden."

Die Kunst der Inszenierung war für Appia nichts anderes als „die Kunst, im Raum zu entwickeln, was der Dramatiker nur in der Zeit zu entwickeln vermochte", und hierzu bedurfte es keiner archäologischen Imitation des „Ortes" der Darstellung. So war er von seinen ersten Projekten mit verschiedenen Wagner-Opern bis ans Ende seines Lebens auf der Suche nach einer Art der konkreten Abstraktion, die die Form über den Gegenstand stellt, einem geistigen Raum anstelle der räumlichen Beschreibung, einer Darstellung, die, ausgehend von der Musik und der Bewegung des Schauspielers oder Tänzers, ihre „Verkörperung" nur im Geiste des Betrachtenden finden kann.

Appia entfernte sich vom Theater und näherte sich der Raum-Leere des Volkstanzes. Der anekdotische Ratschlag für seine Schülerin Jessica Davis van Wyck: „Beschreiben Sie mit den Beinen, nicht mit den Augen" bezog seine Gültigkeit aus der szenischen Praxis dessen, der ihn gab. Die Beine funktionieren mit dem Gehirn: „Mehr als ein Verdienst der Beine ist Tanzen ein Verdienst des Gehirns" sagt Maurice Béjart.

Appias Raum ist in höchstem Grade funktional. Seine Ordnung und Gestaltung ist eine Sa-

Rudolf von Laban „Ikosaeder / A Skala"

che des sich bewegenden und verändernden Lichts, dessen Ausdruckskraft im Gegensatz zu anderen Mitteln der Darstellung darin liegt, daß ihm nichts Überflüssiges eigen ist. Schauspieler oder Tänzer befinden sich nicht mehr *vor* gemaltem Licht und Schatten, sondern in einer Atmosphäre, die sie selbst bestimmen und problematisieren.

So wie die zeitgenössische Plastik nicht eine Plastik *en-dehors* ist, sondern eine Plastik, die den Raum auf unbequeme Art, nämlich problematisierend lebt, ist für den Tänzer der Raum kein *a priori* mehr (wie das Wasser für den Fisch), sondern *eine Erfahrung* (wie das Wasser für den Schwimmer). Heidegger geht dieser Erfahrung dort nach, wo sie schriftlich niedergelegt ist: in der Sprache. Er untersucht die Vokabel nach dem Ursprung ihrer Bedeutung, ihrem primären Gehalt, vergleichbar der Rückkehr zur Praxis der alten Schmiede, zu Amboß und Holz.

Ebenfalls in den zwanziger Jahren unternahm Oskar Schlemmer mit dem *Triadischen Ballett* den Versuch einer Auseinandersetzung mit dem Begriff des Ballett. Der Name seines Balletts rührt daher, daß in ihm die Zahl drei dominiert: drei Personen tragen in drei Auftritten Kostüme in drei Farben, gelb, rosa und schwarz. Das *Triadische Ballett* ist vom historischen Standpunkt aus gesehen zwar die wichtigste, nicht aber die einzige Realisierung Schlemmers auf den Gebieten Ballett und Inszenierung.

1912 lernte er Albert Burger und Elsa Hötzel kennen, beide Solotänzer am königlichen Theater von Baden-Württemberg; 1916 schuf er während des Krieges für sein Regiment in

Stuttgart das Ballett *Liebeswerben* und inszenierte Jahre später in Berlin Shakespeares *Hamlet* und den *Armen Konrad* von Friedrich Wolf.

Während seines Bad Canstatter Aufenthalts im Jahr 1920 begann Schlemmer, die Idee des *Triadischen Balletts* zu entwickeln. Es wurde nach zweijähriger „Inkubationszeit" am 30. September 1922 im Württembergischen Landestheater in Stuttgart uraufgeführt. Über dem weiteren Schicksal des Balletts stand jedoch kein guter Stern: Unter dem Pseudonym Walter Schoppe – dem Namen des Helden aus Jean Pauls *Siebenkäs* trat Schlemmer gemeinsam mit dem Ehepaar Burger auf der Bühne auf. Da er sich mit den beiden nicht über die Eigentumsrechte an dem Werk einigen konnte, wurde es nur wenige Male aufgeführt.

Bemerkenswert in diesem Werk ist – im Gegensatz zur Duncan – der Versuch Schlemmers, den menschlichen Körper einem Mannequin oder einer Art Roboter anzugleichen, dessen Tanz sich nach bestimmten geometrischen Gesetzen richtet. Die Körper, in behindernde Kostüme – Kreise, Diagonalen, Ellipsen und Spiralen – gezwängt, verwandeln sich in plastische Gebilde mit roboterhaften Bewegungen. Der Körper des Tänzers wird zum abstrakten Träger von Farbe und Form, zur gespannten Figur in geometrischer Dekoration, zum Mannequin, das nicht mehr Mensch und noch nicht kunstfremde reine Maschine ist.

Aber die Bewegung bei Schlemmer verweist auf Design, auf Architektur, auf Flächengymnastik. Die Choreographie wird zur *Bodengeometrie,* welche mit der Bewegung Figuren in Form von Ellipsen, Kreisen usw. zeichnet, das heißt runde, plastische Figuren, die das Runde als Volumen hervortreten und den Raum zur einfachen Kreisbewegung werden lassen. Es bleibt nur die mechanische Bewegung jener Masken zwischen Mensch und Marionette.

Walter Gropius hob in Bezug auf Schlemmer hervor, daß die im eigentlichen Sinne künstlerische Leistung seiner Arbeit in der Interpretation des Raumes bestand. Sowohl in den Gemälden als auch den szenographischen Arbeiten tritt zutage, in welch hohem Maße er den Raum nicht nur durch das Auge, sondern mit dem ganzen Körper erfuhr.

In seinem Essay *Mensch und Kunstfigur* führt Schlemmer aus, daß der Mensch, das heißt der menschliche Organismus, wenn er sich auf die Bühne begibt, in einen kubischen Raum tritt, auf der Bühne also beide vorhanden sind: Mensch und Raum, und beide unterschiedlichen Gesetzen gehorchen. Anhand mehrerer Graphiken verdeutlicht er seine Theorie über Mensch und Raum. Die erste zeigt das unsichtbare Lineargefüge planimetrischer und stereometrischer Relationen als Gesetz des kubischen Raumes. Diese Mathematik entspricht der Mathematik des menschlichen Körpers und stellt durch die Bewegungen, die ihrerseits

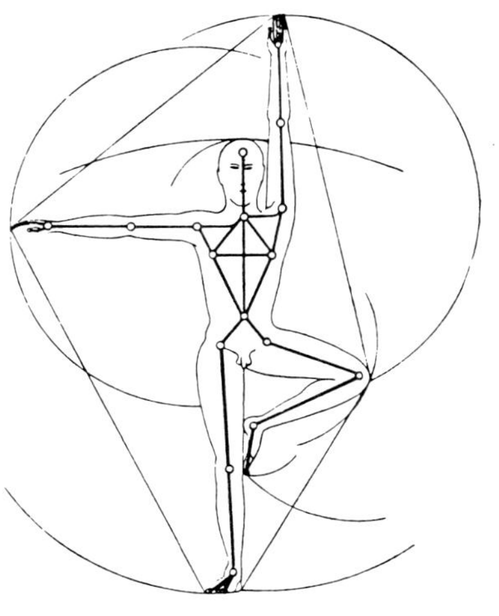

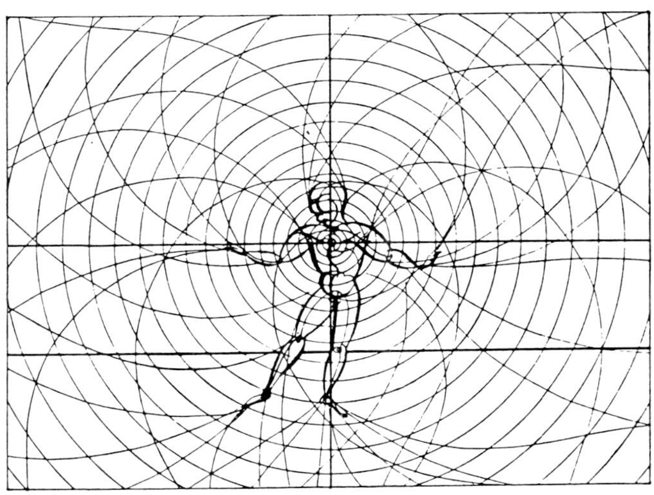

Oskar Schlemmer

mechanischer und rationaler Bestimmung unterliegen, ein Gleichgewicht her. In den Ausführungen Schlemmers schlägt sich klar die Idee nieder, die hinter der Marionette bei Kleist steckt: Perfektion der ausgeführten Bewegungen bei Verlagerung des Schwerpunktes außerhalb des tanzenden Körpers.

Zugleich aber sind die Gesetze des menschlichen Organismus in den unsichtbaren Funktionen seines Innern begründet wie Herzrhythmus, Atmung, Tätigkeit von Gehirn- und Nervensystem. Die Bewegungen und Emanationen dieser Schlüsselfaktoren, deren Zentrum der Mensch ist, schaffen einen imaginären Raum, den Schlemmer in einer anderen Graphik mittels von dem menschlichen Körper im Zentrum der Zeichnung ausgehenden Kurven sichtbar macht. Jener abstrakte kubische Raum der Bühne ist nunmehr ein horizontalvertikales Gerüst für jene anderen Bewegungen organischen und emotionalen Ursprungs. Wie in einem unsichtbaren Netz all dieser Gesetze erscheint nun der Tänzermensch: Sowohl in Befolgung der Gesetze des Körpers als auch des Raumes „verwirklicht" er sich selbst und seine Funktion, Raum zu umfangen. In einem Vortrag sagt Schlemmer: „Wir können den Raum durch Form, Farbe und Licht verändern und gestalten." Doch Schlemmer spricht stets vom Tänzermenschen im Raum, nie von der Möglichkeit eines Raumes *des* Tanzes.

Der Versuch Schlemmers war begrenzt und ohne großen Einfluß. Er was eine typische Bauhauserfahrung, wenn auch nicht dem direkten Kontakt entsprungen wie etwa das Bühnenbild Kandinskys für die *Bilder einer Ausstellung* von Mussorgsky in Dessau. Der Tänzer Gerhard Bohner hat das Ballett für die Berliner Festwochen 1977 rekonstruiert und uns in vollkommener Weise den Versuch Schlemmers vor Augen geführt, dem Ballett in den Jahren seiner tiefsten und vitalsten Krise eine Gegenofferte zu bieten.

Auf dem Gebiet der Kunst sind die Bilder der Raum, in dem die Grenzen der Sprache am wirksamsten gesprengt werden. Seit ihren Anfängen setzt sich die künstlerische Praxis mit dem Versuch, die sinntragenden Zeichen zu überschreiten, auseinander. Zwischen dem literarischen Wort und den visuellen Formen besteht eine unüberschreitbare Grenze, die jeden Versuch, in den anderen Bereich einzudringen, lächerlich erscheinen läßt. In seinem *Laokoon* hat Lessing, der aristotelischen *Poetik* folgend, diese Grenzen definiert. Der Unterschied zwischen der Literatur und den visuellen Künsten wurzelt in der Verschiedenheit ihrer Ausdrucksmittel. Während die Literatur mit artikulierten Lauten in zeitlicher Aufeinanderfolge arbeitet, haben wir es bei den visuellen Künsten mit im Raum verteilten Formen und Farben zu tun. Das Bewußtsein, daß es unmöglich ist, diese Grenzen zwischen den Ausdrucksmitteln zu überschreiten, ließ immer wieder jenen Wunsch Schiffbruch erleiden, der die künstlerische Tradition der westlichen

Bill T. Jones
„Freedom of Information"

Welt seit jener alten Formel des Horaz beseelte: „die Poesie wie die Malerei“. Die neue Formel lautet: das Ballett wie das Theater.

Innerhalb der sich dem traditionellen „performing“ des Raumes durch das Ballettkorps widersetzenden Strömung erscheint ein bestimmter von einigen japanischen Künstlern eingeführter Tanztyp von besonderem Interesse: Min Tanaka beispielsweise, Direktor des „Körpermeteorologischen Labors“ in Tokyo, hat bisher drei Werke in Europa aufgeführt: *Dance Event Serie,* in der er sich mit den funktionalen Möglichkeiten des menschlichen Körpers auseinandersetzt; *Hyper Dance Drive Serie,* in der er das Innenleben der Natur und des Menschen zeigt und *Emotion,* eine Studie der Evolution des Menschen.

Tanaka tanzt mit nacktem Körper in einem freien Raum, obwohl der wahre Raum seines Tanzes *der Raum seines Körpers* ist; es ist *ein statischer Tanz,* ein Tanz der Haut oder Körperoberfläche. Die Gesichtszüge bestimmen sich vom Körper-Zentrum her. Seine Suche nach einer Art Minimal-Tanz, der jeder Geste und jedem Laut seine ursprüngliche und wesentliche Bedeutung verleiht. Jenseits der Choreographie gilt die Arbeit und Körperbefragung Tanakas dem reinen Ausdruck eines inneren Bewußtseins, das er vor dem Verlust, vor fossiler Erstarrung bewahren will. Norman Mailer schrieb über Tanaka Min: „Wenn ich Bildhauer wäre, würde ich sagen, daß Tanaka Min mir eine Menge über das plastische Werk beigebracht hat. Die kreativen Kräfte der Körperbewegungen werden durch die Kunst Tanaka Mins entdeckt.“

Vor diesem Hintergrund steht auch die Kunst Shiro Daimons, eines Noh-Künstlers, der im Oktober 1984 im Londoner Bloomsbury Theater mit *Kabugi-Woogie* eine perfekte tänzerische Leistung vollbrachte.

Zum Abschluß wollen wir uns dem Eingeborenen-, dem Volkstanz zuwenden, jenem theaterfreien Raum, der reinen dekorationslosen Bühne, wie wir sie etwa im Raum des *aurésku* im baskischen Tanz vor uns haben.

Welche sind die wesentlichen Komponenten der vorwissenschaftlichen Kulturwelt, in der der Tanz erstmals erschien? Es besteht kein Zweifel – und unsere alten Tänze legen Zeugnis davon ab –, daß die spezifische Art und Weisen, mit der Bewegung des Körpers *den Raum zu strukturieren und zu hinterfragen,* ihre Wurzeln in einer Kulturwelt noch vor der Geburt der Choreographie, ja sogar der Geometrie hat.

Der griechische Terminus „khoros“ bezeichnet nicht nur den Tanz im Kreis, sondern auch die Tänzer und den Ort, an dem getanzt wird. Auf dieselbe Wurzel gehen *hortos,* lat. *hortus,* Garten und „eingezäunter Platz“ zurück. Tanz ist vor allem die Schaffung eines Ortes, eines Raumes, und das bereits in der Etymologie des Begriffes.

Aufgrund welcher unveränderlicher Strukturen konnte in dieser vorwissenschaftlichen Welt Geometrie entstehen, die Beherrschung des Raumes also nicht nur mit dem Körper, sondern mit dem Kopf, die abstrahierende Verwandlung des Raumes *in ein Element des Tanzes* oder schlicht in Geometrie? Nach Husserl bzw. Jacques Derrida in seiner Analyse Husserls wissen wir unmittelbar und apodiktisch folgendes:

1. Die prägeometrische Welt war eine Welt *von* nach einem nicht-exakten Raum-Zeit-Gefüge angeordneten *Dingen.*

2. Diese Dinge waren *körperlich.* Seit Bestehen irgendeiner Art von Kultur hingegen (Sprache, Tanz usw. – die Intersubjektivität ging der Geometrie in jedem Fall voraus) ist Körperlichkeit nicht mehr auf materielle Dinge beschränkt, sondern auch eine Eigenschaft anderer Objekte etwa kultureller Art wie der Tanz oder die geometrischen Körper.

3. Diese reinen Körper hatten *räumliche* Formen, Formen der Bewegung und der Deformation.

4. Die materiellen Eigenschaften (Farbe, Gewicht, Festigkeit des Schritts) mußten notwendigerweise mit Hilfe einer zusätzlichen eidetischen Bestimmung, einer bestimmten Symbologie, jenen prägeometrischen Raum-Zeit-Formen „zugeordnet“ werden. Der Tanz findet zum Beispiel in einer Art *Geographie,* in der Waldlichtung statt, aber die Nicht-Exaktheit des Tanz-Ortes ist keine Ungenauigkeit.

5. In jenen primitiven Formen wie etwa dem Kreisförmigen oder *Runden* ist das Ideal des Kreises bereits konstruiert, und zwar nicht vom Intellekt, sondern von den Sinnen her konstituiert, konstatiert. Im Tanz ist nicht nur der

Rudolf Nurejev

Raum des täglichen Lebens, der alltägliche Dorfplatz, sondern es konstruiert, konstituiert und konstatiert sich ein symbolischer Raum.
So vollzieht z.B. der Volkstanz ebenso wie das Ballett den Schritt von der Geographie des primitiven Tanzes zur Rigurosität des vom Körper kontrollierten Raumes, des Raumes, der mit dem Tanz geschaffen wird: der Schritt vom uralten Ritus zur Verfolgung des Schönen an sich. Ganz anders der geschlossene Tanz in rhythmischem Ostinato, den die Marokkaner des Atlasgebirges im Schatten der Zedern nach einem Brauch tanzen, der älter als die umstehenden Bäume ist, wobei rhythmische Bewegung und Händeklatschen ein trunkenes Einheitsgefühl in der Heiligkeit des Ortes herbeiführen.
Jenen seit Urzeiten in den Tänzen der Eingeborenen vom menschlichen Körper ausgeloteten, geschaffenen Raum meinen wir, dessen höchste Konzentration nicht das Kollektiv, sondern das Individuum hervorbringt, das heißt das Ballett.
Jener Raum, der nicht nur Objekt, Schöpfung (gleich welcher Kunst) ist, etwas Hinterfragtes also, sondern zugleich eine der Darstellungskategorien des Kunstwerks. Raum als „Geräusch von Grenzen“, Grenze als Ausgangs- und Endpunkt, Räumlichkeit als Wesensmerkmal des Menschen.
Das Walten der Grenze, Beschreibung der Grenze und *Modulation des Raumes* scheinen die von Balanchine in seinen Choreographien geschaffenen Figuren zu sein; seine Plastik hinterfragt den Ort der Bewegung der Bühne oder umkreist mit der abgestimmten Bewegung der Tänzer die Leere derselben. Die Dynamik seiner Choreographie baut sich auf einer Ordnung des Raumes auf. Mit der Einfachheit und Kälte seiner Ballette scheint Balanchine darauf hinzuweisen, daß der Raum über das Volumen der Bühne hinaus auch *Inter-relation* ist, ein Raum der Bezüge und der dynamischen Beziehung vieler verschiedener Elemente. Sie finden ihre Entsprechung in Alexander Kluges Film „Der Angriff der Gegenwart auf die übrige Zeit“. Auch Kluges Aussagen sind hier aufschlußreich:
„Ich meine auch, Kino hat nichts mit Sehen zu tun. Es heißt „movie“. Das hat also was mit Bewegung zu tun, mit innerer Bewegung. Man muß das unsichtbare Bild zeigen. So, daß zwei Bilder im Zuschauer ein drittes erzeugen.“
Film ist hier nicht statisches Bild, sondern in der Bewegung der Bilder, in der zeitlichen Aufeinanderfolge zustandekommendes Bild. Parallel dazu wäre Ballett mehr als Pose oder Schrittfolge, nämlich Bewegung, welche – analog zum Film, der eine Zeit schafft – einen Raum schafft.
Wenn Helmut Günther sagt: „Der Neubeginn (des Modern Dance) bestand in der Entdekkung der eigentlichen Substanz des Tanzes, nämlich der Bewegung im Raum“[17], würde ich noch weiter gehen und behaupten, daß es nicht nur *Tanz im Raum* gibt, sondern auch einen *Raum des Tanzes*, daß der Tanz selbst Raum schafft.

Der Gesprächspartner Helmut Günthers, Fred Traguth, scheint intuitiv zu erfassen, daß der Tänzer nicht im Raum tanzt, sondern diesen selbst erzeugt, wenn er bemerkt, daß das Problem, das der Modern Dance sich stellt, die Form ist, „die allein den tänzerisch sich im Raum bewegenden Körper als Mittel und Material einsetzt." Die „Form" bei Traguth läßt sich durch „Raum" im Sinn unserer Ausführungen ersetzen, jenem Raum also, den der Mensch – und nur er – schaffen kann. Jene allein durch Mittel und Material des sich tänzerisch im Raum (der Bühne) bewegenden und verharrenden Körpers erzeugten Raum. Der Tanz wird aus Bewegung und Ruhe gemacht wie die Musik aus Schweigen oder eine Plastik aus Leere.

Es gilt, zu jenem Zustand der Unschuld zurückzufinden, von dem Kleist in seinem *Marionettentheater* spricht. Die Dinge – das Ballett – wollen mit Natürlichkeit und nicht mit dem narzistischen Eifer des Jünglings aus der Erzählung Kleists getan sein.

Goethe sagt:

„Es ist nicht immer nötig, daß das Wahre sich verkörpere; schon genug, wenn es geistig umherschwebt und Übereinstimmung bewirkt."

Rina Schenfeld (Dance Theater Israel)

Aus dem Spanischen übersetzt von Caroline Hilgers

Quellen

1 Diels-Kranz, Satz 1; Platon, *Kratylos* 385e und *Gesetze* IV 716b.
2 Aristoteles, *Metaphysik* 10, I 1052b 15.
3 Diels-Kranz, Satz 3.
4 Aristoteles, *Physik* IV, 4, 212a 20. In der Übersetzung von Thomas von Aquin heißt es: locus est terminus inmobilis continentis primum.
5 *Physik* IV, 8 216a 27b 21.
6 Stephen Toulmin, „Criticism in the History of Sciene: Newton on Absolute Space, Time and Motion", in Philosophical Review 68, 1959, S. 1–29.
7 Joachim Albrecht, *Skulptur im 20. Jahrhundert: Raumbewußtsein und künstlerische Gestaltung,* Köln Dumont 1977, S. 144.
8 Presseerklärung nach der Aufführung von *Events* am 22. 7. 85 im Theater Montjuic, Barcelona, im Rahmen des Festivals Grec 85, zusammen mit Merce Cunningham.
9 J.A. Valente, *Ensayo sobre Miguel Molinos,* Barcelona 1974, Ed. Barral, S. 12.
10 Cesare Pavese, *Il mestiere di vivere,* 24.4.1936, Einaudi 1952, S. 37.
11 C.S. Lewis, *The Discarded Image. An Introduction to Medieval and Renaissance Literature,* University Press Cambridge 1964, S. 223.
12 Hermann Hesse, *Der Steppenwolf,* Suhrkamp, 1955, S. 40.
13 Drieu de la Rochelle, *Les Derniers Jours,* Paris 1927, S. 24.
14 F. Nietzsche, *Die fröhliche Wissenschaft,* Kröner Verlag Stuttgart 1964, S. 15.
15 R. Musil, *Der Mann ohne Eigenschaften,* Rowohlt Verlag Hamburg 1965, S. 24.
16 Leonide Massine, *My life in Ballet,* Mac Millan Press, S. 54.
17 Fred Traguth und Helmut Günther, „Von der Einheit des modernen Tanzes, ein Gespräch zwischen Tänzer und Kritiker", in: Tanzarchiv, Aug./Sept. 1966:
Ein in jeder Hinsicht interessantes Gespräch, obgleich wir nicht mit allen Gedanken Günthers übereinstimmen, insbesondere was seinen Satz betrifft: „Der Sinn des Tanzes ist der Tanz selber" (S. 37), da er ihn gleich auf der nächsten Seite zu widerrufen scheint, wenn er sagt: „Im Tanz... (gibt es auch) ethisch-existentielle Werte."

Über den Autor

Fred Traguths Weg hatte ihn von der Essener Folkwang-Hochschule, wo er bei Kurt Jooss studierte, über die Martha Graham School und die School of American Ballett/George Balanchine in New York, zu einer Professur für Modern Dance in Bahia (Brasilien), zu Gastdozenturen in Prag, Cannes, München, Bayreuth und zu Studienreisen nach Afrika und Amerika geführt. In zahlreichen Choreographien, Aufführungen und Seminaren, entwickelte er nach und nach seinen eigenen unverkennbaren Stil des Modern Jazz Dance.
Mit der Gründung der Internationalen Tanzwerkstatt 1973 in Bonn – dessen unermüdlicher Promotor er seitdem ist – wagte Traguth erstmals den Versuch, Amateure und Professionals zu gemeinsamer Arbeit auf dem Feld der Tanzkunst zusammenzuführen.
An seinem Lehrsystem wird besonders sein Unterrichtsaufbau, seine Lehrmethode und seine Bewegungsanalyse gerühmt.

Der Raum des Tanzes
Der Autor

Kosme de Barañano hat in Ästhetik promoviert. Er kam zum ersten Mal als Humboldt-Stipendiat nach Deutschland. 1983–87 gastierte er zu Forschungszwecken an der Universität Heidelberg. Seine bisherigen Studien galten der Beziehung zwischen der Philosophie und der Kunstgeschichte, dem Verstehen des Kunstwerkes und dem Leben der Formen als „Formen" des Denkens. Sein Interesse gilt hauptsächlich der Geometrie, dem Raumbegriff in der Plastik und im Ballett und dem Free-Jazz. Fellowship am Hirschhorn Museum und Sculpture Garden in Washington.
De Barañano hat mehrere Bücher zu kunstgeschichtlichen Themen veröffentlicht.

MODERN DANCE
JAZZ DANCE

Rudolf von Laban
Der moderne Ausdruckstanz in der Erziehung
Eine Einführung in die kreative tänzerische Bewegung als Mittel zur Entfaltung der Persönlichkeit. Unter Mitarbeit von Lisa Ullmann. Aus dem Englischen übertragen von Karin Vial.
2. Auflage 1984, 160 Seiten mit zahlreichen Zeichnungen, Format 15 x 21,5 cm, Ganzleinen
ISBN 3-7959-0320-3

Rudolf von Laban (1879–1958), Tänzer, Choreograph und Pionier der modernen Bewegungsforschung, eröffnete der Tanzkunst und dem Verständnis menschlicher Bewegung völlig neue Wege. Bedeutende Tanzkünstler wie Mary Wigman und Kurt Jooss waren seine Schüler. In diesem Buch vermittelt Laban Einsichten in die zeitlosen und allgemeingültigen Aspekte tänzerischer Bewegung. Er gibt die praktischen Grundlagen für eine »Erziehung durch Tanz« und eine freie Tanztechnik, ohne dabei den Tanz in seinen historischen und kulturellen Zusammenhängen außer acht zu lassen. Als Leitfaden für Pädagogen, Eltern und alle am »Freien Tanz« Interessierten konzipiert, gibt das Buch in 16 »Bewegungsthemen« zugleich praktische Anregungen zum Erleben und kreativen Gestalten von Bewegung.

Rudolf von Laban
Die Kunst der Bewegung
Aus dem Englischen übersetzt und bearbeitet von Karin Vial und Claude Perrottet
1988, ca. 300 Seiten mit zahlreichen Zeichnungen, gebunden
ISBN 3-7959-0482-X

Schauspiel, Pantomime und Tanz – Bereiche, in denen sich das Verlangen des Menschen nach Darstellung, Ausdruck und Gestaltung künstlerisch manifestiert – stehen nach wie vor im Mittelpunkt des vorliegenden Werkes, wenn auch der interessierte Leser mancherlei Aufschluß über Bewegungszusammenhänge im Alltag erhält. In praktischen Übungsteilen, in Anleitungen zu tänzerisch-mimischen Szenen für den einzelnen und auch Gruppen sowie in Ausführungen zu den Grundprinzipien aller Bewegung – Kraft, Zeit und Raum – wird die Beziehung zwischen innerer Bewegungsmotivation und äußerem Körpergeschehen erforscht.

Werner Jakob Stüber
Geschichte des Modern Dance
Zur Selbsterfahrung und Körperaneignung im modernen Tanztheater
1984, 328 Seiten mit 41 Abbildungen, Format 15 x 21,5 cm, Ganzleinen
ISBN 3-7959-0370-X

Die vorliegende Arbeit behandelt die wichtigsten Gestalten und Entwicklungsphasen des Modern Dance in den USA von den Anfängen um die Jahrhundertwende bis in die frühen sechziger Jahre hinein, wo die gegenwärtigen Tendenzen im Modern Dance ihre Wurzeln haben.

Fred Traguth
Modern Jazz Dance 1
Einblick und Methodik – Für Amateure und Professionals
4. Auflage, 1985, 220 Seiten mit zahlreichen Abbildungen, Format 17 x 24 cm, kartoniert
ISBN 3-7959-0444-7

Der vorliegende Band will dem akuten Mangel an fachgerechter, praxisorientierter Information Abhilfe schaffen. Er soll den an Bewegung und Tanz interessierten Amateur und Profi auf seiner Suche nach neuen Formen unterstützen und ihm eine Anleitung und Einstiegschance in den komplexen Bereich des Jazz Dance vermitteln helfen. Der Autor ist bestrebt, mit einem Minimum an theoretischem Aufwand in durchsichtiger und anschaulicher Form einen gangbaren Weg aufzuzeigen.

Doris Humphrey
Die Kunst, Tänze zu machen
Zur Choreographie des modernen Tanzes
Aus dem Amerikanischen übertragen von Karin Vial
1986, 260 Seiten mit 4 Bildtafeln, Format 15 x 21,5 cm, Ganzleinen
ISBN 3-7959-0415-3

Das erste Standardwerk zur Choreographie des modernen Tanzes. Die Autorin, eine der großen Persönlichkeiten der Tanzwelt unseres Jahrhunderts, schöpfte aus ihrer jahrzehntelangen Erfahrung mit Tänzern und Bühnentanz. Sie gibt dem modernen Tänzer und Choreographen mit diesem unentbehrlichen Leitfaden das handwerkliche Rüstzeug für sein Schaffen, zeigt Bezüge auf zwischen Tanz und Literatur, Malerei, Architektur und vermittelt so auch dem kunstinteressierten Laien Einischten in den choreographischen Schaffensprozeß.

Helmut Günther
Jazz Dance
Geschichte, Theorie, Praxis
3. Auflage 1984, 252 Seiten, zahlreiche Zeichnungen und Notenbeispiele, Format 15 x 21,5 cm, Ganzleinen
ISBN 3-7959-0310-6

Das Buch stellt einen umfassenden Überblick über die »Jazz«-Technik dar; dadurch ist ein Werk entstanden, das für Ballettschulen, Berufsensembles, Laientanzgruppen und auch für die Praxis des Unterhaltungstanzes ein unentbehrliches Lehrmaterial bereitstellt.

Gudrun Sonntag
Tanz mit
Ein Kindersachbuch zum Thema Moderner Tanz
1986, 48 Seiten mit zahlreichen meist farbigen Abbildungen und Zeichnungen, Großformat 22 x 28 cm, gebunden
ISBN 3-7959-0439-0

Dieses Buch soll einen Einblick in eine besonders für Kinder geeignete Tanzform geben. Es werden Übungen vorgestellt, die zur Körperschulung und zum Körperbewußtsein dienen, daneben vielfältige Anregungen zur Improvisation. Das Buch ist so aufgebaut, daß ein Kind anhand der erklärenden Texte und der zahlreichen Abbildungen alle Übungen selbständig nachvollziehen kann. Ein gelungener Versuch, durch genaue Information Kindern den Modernen Tanz vorzustellen und sie dafür zu begeistern.

Dazu: Kassette mit musikalischen Beispielen, Bestellnummer 12/439b

Walter Sorell
Mary Wigman – Ein Vermächtnis
1986, 300 Seiten mit 40 Bildtafeln, Format 15 x 21,5 cm, Ganzleinen
ISBN 3-7959-0464-1

Das Werk ist eine Würdigung der bedeutenden deutschen Tanzpionierin, deren Einfluß auf die Entwicklung der Tanzgeschichte in Europa und Amerika von großer Bedeutung war. Dieses Buch will Mary Wigman im Rahmen der Zeitgeschichte sehen und ihre Größe als Künstlerin und Mensch beleuchten.

FLORIAN NOETZEL VERLAG · »HEINRICHSHOFEN-BÜCHER«
2940 WILHELMSHAVEN